Vorwort

Das, was ich auf den folgenden Seiten niederschreibe, sind Erfahrungen und ich werde Dinge schildern, die sich so tatsächlich zugetragen haben. Ich möchte aufklären und wachrütteln.

Das Thema, über das ich schreibe, ist das Thema Singlebörsen sowie Partnervermittlungen und deren Umgang mit Mitgliedern und ihren Geschäftspraktiken. Mittlerweile suchen nämlich viele Menschen ihren Partner im Internet, viel zu selten trifft man sich in einem Café oder in einer Bar. Auch eine Disco eignet sich dazu, neue Menschen kennenzulernen oder andere Dinge, die man ganz alltäglich benutzt, wie die öffentlichen Verkehrsmittel oder der Besuch im Supermarkt oder der Bäckerei. Doch manche Menschen sind sehr schüchtern, eine Eigenschaft, die auch auf mich zutrifft. Deswegen gehen viele Menschen, vor allem wegen der Anonymität, ins Internet, um sich dort einen Partner zu suchen.

Die Corona-Pandemie hat den Trend noch einmal deutlich beschleunigt, seinen Partner im Internet zu suchen. Aufgrund der Vermeidung von sozialen Kontakten, den mehreren Lockdowns und den Ausgangsbeschränkungen sowie die fehlenden Möglichkeiten, andere Menschen in "echt" kennenzulernen, blieb vielen Menschen keine andere Wahl, als im Internet auf Suche zu gehen.

Dabei ist es im Prinzip im Internet ganz einfach und leicht: Man kann quasi den idealen Partner suchen und vielleicht auch finden. Dinge wie Größe, Gewicht, Augenfarbe, Haarfarbe, Figur, etc. werden eingegeben und so kann auf digitalem Wege der richtige Partner gefunden werden. Doch werden wir damit glücklich?

Meine Erfahrungen sprechen leider eine andere Sprache. Ich werde die Geschäftspraktiken dieser Singlebörsen beleuchten und wie manche Singlebörsen zu wahren Abzock-Methoden einladen und wie undurchsichtig die Methoden dieser Portale für Laien sind.

Viele Schritte sind nicht zu unternehmen, eigentlich reicht teilweise ein Klick aus, um sich eine Premium-Mitgliederschaft einzuhandeln. Und es ist nicht einfach, diese Premium-Mitgliedschaft - möglichst kurzfristig - zu kündigen. Inzwischen gibt es neue gesetzliche Bestimmungen, die die Möglichkeit einräumt, eine Premium-Mitgliedschaft kündigen zu können, doch aufgrund bestimmter Gesetzeslücken ist es gar nicht so einfach, eine Premium-Mitgliedschaft zu beenden.

Da ich selber - wie schon oben kurz berichtet - sehr schüchtern bin, versuchte ich auch mein Glück im Internet. Doch hier war vieles nicht von Erfolg gekrönt, zahlreiche Single-, Partner-, Flirtbörsen sowie Partnervermittlungen habe ich ausprobiert, aber nicht mit dem gewünschten Erfolg. Da ich mich sehr einsam fühle, würde ich das sehr gerne ändern. Seit Beginn der Corona-Pandemie ist mir das noch mehr bewusst geworden. Aber es ist nicht einfach, ich muss einfach selbstbewusster werden.

Das war meine kurze Lebensgeschichte, über die ich ganz gewiss noch mehrere Seiten hätte schreiben können. Aber nun möchte ich auf den folgenden Seiten die Erfahrungen schildern, die ich mit Singlebörsen und Partnervermittlungen gemacht habe.

Inhaltsverzeichnis

1. Partnerbörsen: Premium-Mitgliedschaften und Virtuelle Währungen

Wenn man sich einen Partner im Internet -sucht, sollte man sich zuerst einige Gedanken machen. Vielleicht sollte mit einer Checkliste kurz aufgeschrieben werden, welche Dinge zu beachten sind. Diese Checkliste könnte so aussehen:

- Möchte ich für die Singlebörse Geld bezahlen?
- Melde ich mich bei einer Singlebörse an, die viele Mitglieder hat?
- Möchte ich eine Singlebörse, in der wichtige Daten, wie Handynummer, E-Mail-Adresse oder ähnliche Daten hinterlegt werden können, was von anderen gesehen werden kann?
- Sollen mich andere, die mich vielleicht kennen, durch ein Profilbild kennen lernen?
- Wer soll mich anschreiben (nicht nur Herkunft, sondern auch Altersgruppe)?

Diese Checkliste ist allerdings nur ein Beispiel. Jeder kann diese Checkliste ändern oder weiter fortführen, sie dient lediglich als Leitfaden.
Wenn man sich also die ersten Gedanken gemacht und in einer Internet-Suchmaschine eine entsprechende Singlebörse für sich gefunden hat, dann kann man sich anmelden. Die Anmeldung - so versprechen es viele Singlebörsen - würde nur sehr kurz dauern. Und auch schon bei der Anmeldung unterscheiden sich viele Singlebörsen und Partnervermitlungen: Während den einen schon nur der Benutzername, eine E-Mail-Adresse, ein Passwort und das Geburtsdatum reicht (mehr nicht!), gibt es auch Singlebörsen, bei der sich die Anmeldung sehr lange hinzieht. Da werden so-

genannte Persönlichkeitsprofile erstellt, in der auch Charaktereigenschaften dargestellt werden. Dies kann unter Umständen sehr viel Zeit in Anspruch nehmen, ist aber ein komplettes, ehrliches und echtes Profil von einem - und das von Kopf bis Fuß.

Allerdings gibt es hier einen Haken: Diese Persönlichkeitsprofile sollen auf wissenschaftlicher Basis zustande gekommen sein. Ein Marketingtrick, der häufig funktioniert.

Meine Erfahrung zeigt mir, dass eher der Mittelweg gewählt werden sollte. Denn wenn ich schon alles in meinem Profil stehen habe, dann liegt die Vermutung nahe, dass mich ein potenzieller Partner doch gar nicht erst kennen lernen möchte, weil derjenige sich denken könnte, dass die Person schon fast alles erzählt hat und bei einem Kennenlernen keine neuen Charaktereigenschaften oder Interessen zu erfahren sind.

Auf der anderen Seite ist zu wenig zu schreiben aber auch nicht gut. Hier können sich schwarze Schafe tummeln, die durch die kinderleichte Anmeldung bewusst andere Mitglieder ausspähen oder ausnutzen wollen. Sie schreiben also potenzielle Mitglieder an, wollen sich mit ihnen treffen, der potenzielle Partner geht zu dem Treffen, doch die andere Person erscheint nicht. Eine miese Masche, mit der manche Menschen andere Menschen hineinlegen und auf unglaublichste Art und Weise betrügen.

Am besten ist hier der Mittelweg: In ein ordentliches Profil gehört ein Profilname, der Wohnort, das Alter, die Körpergröße, das Gewicht oder die Auswahl, wie die körperliche Statur ist, eventuell die kurze Auflistung der Hobbys, das könnte schon ausreichen. Dann kann für das potenzielle Gegenüber der Verfasser dieses Profils sehr interessant sein.

Doch das Erstellen eines Profils geschieht häufig nach der Anmeldung. Denn nach der Anmeldung und der Angabe einer E-Mail-Adresse wird an diese häufig ein Link geschickt, in der dann das Profil bestätigt oder verifiziert wird. Erst dann kann das Profil erstellt und bearbeitet werden.

Aber zu einem guten Profil gehört auch ein gutes Foto, das gleich mit den Profildaten hochgeladen wird. Dieses Foto sollte einen guten Eindruck machen. Es sollte natürlich ein Profilfoto gewählt werden, dass nicht die letzte durchzechte Partynacht zeigt oder auf dem das Gesicht nicht gut zu erkennen ist oder auf dem Foto, auf dem man nicht lächelt. Aber ein Foto, auf dem das Gesicht klar zu erkennen ist und mit einem Lachen eignet sich gut. Doch ein lächelndes Profilfoto, auf dem zu sehr gelächelt wird, das es auffällt, dass es schon zu gequält aussieht, ist auch nicht gut. Auch ein Passfoto für die Bewerbung ist eher nicht zu empfehlen, da dies potenzielle Interessenten abschrecken könnte. Allerdings ist es von Portal zu Portal unterschiedlich, weil aufgrund der Dateiformate nicht jedes Fotoformat - sei es vom Smartphone oder vom Rechner - hochgeladen werden kann.

Nun kann es mit der Suche nach dem möglichst richtigen Partner losgehen. Auch hier unterscheiden sich die Single- und Partnerbörsen sowie die Partnervermittlungen. Während die einen für eine Suche nur Ort und eine Altersgruppe fordern, ist bei den anderen eine genauere Suche möglich. Aber manche "Suchen" unterscheiden sich auch: Einige können gespeichert werden, andere müssen jedes Mal von neuem, wenn auf ein Profil geklickt wurde, eingegeben werden.

Nach einer Suche hat man ein Profil gefunden, das einem zusagt. Ein Partner, der vielleicht zu einem passen könnte. Nun möchte man das Gegenüber kontaktieren und dabei gibt es Unterschiede: Zwar kann eine Nachricht verfasst werden, doch diese wird nicht immer abgeschickt. Stattdessen landet man auf einem Link oder auf einem anderen Teil der Seite, wo sich das Mitglied für eine Premium-Mitgliedschaft entscheiden muss, um eine Nachricht an ein anderes Mitglied zu versenden. Natürlich ist jetzt die Verwirrung da, denn was die wenigsten bedenken: Bei der Anmeldung wird mit dem Betreiber dieser Partnerbörse ein Vertrag geschlossen! Denn die sogenannten "Allgemeinen Geschäftsbedingungen" oder "Nutzungsbedingungen" oder "FAQ" werden schnell bei der Anmeldung mit einem Haken markiert, ohne sie vorher vollständig zu lesen oder wenigstens zu überfliegen. Aber seien wir mal ehrlich: Lesen wir uns die AGBs wirklich komplett durch? Nicht wirklich. Heutzutage sind die Menschen sehr bequem und sehr schnell. Doch darin liegt der wirkliche Trick dieser Partner- und Singlebörsen. Es ist fast schon zu vergleichen wie mit einer Mogelpackung. Man öffnet sie und es ist nicht das Produkt, das einen erwartet oder der Inhalt ist geringer. Und so ist es hier auch: Man muss noch eine Art "Geschäftsvertrag" abschließen, denn hinter Partnerbörsen und Partnervermittlungen sowie bei deren Betreiber stecken immer Unternehmen.

Nun zur Wahl: Geld bezahlen oder das Profil wieder löschen? Hier trennt sich die Spreu vom Weizen: Während die einen überrascht sind und entscheiden, das Profil wieder löschen zu wollen, gehen die anderen tatsächlich darauf ein. Aber das ist eine Leistung, die angeboten wird, die auf die Prinzipien der Vorkasse beruhen: Wenn ich also ein Produkt kaufe, muss ich erst bezahlen, bevor das Produkt geliefert wird. Zum Vergleich: Niemand geht doch auch nicht beim Einkaufen im Supermarkt erst zur Kasse und legt das Geld hin und holt danach erst die Ware! Doch die Betreiber dieser Singlebörsen und Partnervermittlungen spielen mit der Unerfahrenheit der Mitglieder auf diesem Gebiet. Aber auch bei Online-Shops, bei denen bestimmte Produkte bestellt und gekauft werden können, müssen Nichtmitglieder den Preis des Produktes zahlen, bevor diese geliefert wird. Viele erkennen nicht, wie man nun handeln sollte.

Zunächst schaut man in seinem Profil nach, dort findet man meistens wenig bis gar nichts. Erst in den Anmeldedaten, die auch nicht immer angezeigt werden, ist ein kleiner Balken zu erkennen, in dem "Basis-Mitgliedschaft" steht und dort zu sehen ist, welche Möglichkeiten bestehen, wenn kein Geld bezahlt oder wenn tatsächlich Geld bezahlt wird. Da wird einem natürlich bewusst, dass eigentlich keine andere Wahl besteht, als sich diese besondere Mitgliedschaft zuzulegen.

Der Klick auf die "Premium-Mitgliedschaft" geht schnell und schon ist der Vertrag abgeschlossen. Hier gibt es auch Unterschiede:

Die einen Singlebörsenbetreiber und Partnervermittlungen arbeiten wesentlich seriöser. Hier kann man zwischen mehreren Möglichkeiten bezüglich der Dauer der Mitgliedschaft entscheiden: Die Dauer der "Premium-Mitgliedschaft" liegt zwischen einem und zwölf Monaten. Diese "Premium-Mitgliedschaften" sind vom Preis her aufgrund der verschiedenen Anbieter natürlich unterschiedlich. Während bei der einen nur 19,99 € im Monat bezahlt werden muss, ist hier wesentlich mehr zu bezahlen und der Griff im Geldbeutel ist deutlich größer - teilweise bis zu über 100,00 € monatlich müssen hier gezahlt werden!

Und um das Geld natürlich schnellstmöglich vom Konto des Mitglieds abzuheben, bieten Singlebörsen und Partnervermittlungen zahlreiche Möglichkeiten an - von der Überweisung bis zur Lastschrift oder einem Online-Bezahldienst wie Paypal ist alles möglich.

Erst dann können anderen Mitglieder Nachrichten schreiben und auf diese Weise der richtige Partner gefunden werden. Andererseits kann nun ungestört die ganze Zeit mit den anderen Mitgliedern geschrieben werden. Das ist wiederum positiv zu werten.

Hier ist es auch nicht anders, wie bei anderen monatlichen Ausgaben, wie z. B. der Miete, dem Strom oder bestimmten Versicherungen.

Eigentlich ein guter Weg, man kann genau einschätzen, wann man für den nächsten Monat bezahlt und der gleichen Betrag wird immer gezahlt. Doch es gibt - wie bei so vielen Dingen im Leben - immer einen Haken: Die Laufzeit! Denn in den AGBs steht häufig, dass sich Laufzeiten von "Premium-Mitgliedschaften" automatisch verlängern, wenn sie nicht vor Ende der Laufzeit gekündigt werden!

Natürlich muss hier nach Betreibern unterschieden werden: Bei den einen kann ist die Kündigung über die Seite direkt möglich, bei den anderen funktioniert dies über E-Mail, andere wiederrum wollen eine schriftliche Kündigung. Und hier der Rat von einem, der Erfahrung damit gemacht hat: Eine schriftliche Kündigung nie als Standardbrief absenden! Man steht nämlich in der Beweispflicht, falls es später zu möglichen rechtlichen Auseinandersetzungen kommt. Also den Brief am besten per "Einschreiben mit Rückschreiben" oder per "Einwurf-Einschreiben" versenden mit dem Nachweis, dass der Brief mit der Kündigung tatsächlich angenommen und angekommen ist. Eine seriöse Single- oder Partnerbörse oder Partnervermittlung wird einem den Eingang der Kündigung mit einer E-Mail bestätigen.

Meine Meinung zu der Kündigung ist folgende: Jede Form der Kündigung, sei es schriftlich per Einschreiben, per E-Mail oder direkt über die Seite des Portals, ist gut. Über die Homepage des Portals ist die Kündigung der einfachste und kostengünstigste Weg, Sicherheit hat man bei einer Kündigung per Einschreiben.

Doch leider habe ich mit der "Premium-Mitgliedschaft" schon andere Erfahrungen machen müssen, die das Wort "Abzocke" völlig verdienen.

Im Supermarkt sind wir sogenannten "Lockangeboten" ständig ausgesetzt. Einige Singleportale versuchen das auch und wollen einem neuen Mitglied eine dreitägige "Premium-Mitgliedschaft" für 1,99 € anbieten und versprechen, ganz schnell dort wieder herauszukommen. Doch hier liegt der Teufel im Detail: Es wird ein Vertrag geschlossen! Als Faust-regel sollte gelten:

Fließt ein einziger Cent, hat man eine teure Abo-Mitgliedschaft an der Backe!

Bei Anmeldung des Portals wird - fast schon automatisch - eine dreitägige Mitgliedschaft gebucht und schon sitzt man in der Kostenfalle! Denn kündigt man die Mitgliedschaft nicht rechtzeitig, läuft diese immer weiter und daraus kommt man nicht so leicht heraus!

Diese Erfahrung musste ich leidvoll vor einigen Jahren selbst machen. Ich hatte gerade meine erste Gehälter während meiner Ausbildung verdient, als ich mich bei einer dieser Plattformen angemeldet hatte. Ich ahnte nicht, dass man jeden Monat immer wieder Geld von meinem Konto abgebucht hat. Und dabei handelte es sich um einen Betrag von 115,00 €! Aus den ursprünglich 1,99 € ist also mehr als das 57-fache geworden! Für mich heute ist dies eine glas-klare Abzocke, aber damals war ich überrascht, weil ich zu naiv und zu gutgläubig war. Nach mehreren Abbuchungen stoppte ich dies und ließ mir von der Bank die Abbuchungen zurückbuchen. Doch damit tappte ich in die nächste Falle, denn der Vertrag und die Mitgliedschaft liefen weiter! Ur-plötzlich erhielt ich Mahnungen von einer Anwaltskanzlei. Ich sollte doch das Geld zurückbezahlen, da immer noch ein

Vertrag bestehe. Dabei war ich doch längst an der Plattform nicht mehr interessiert und hatte mehrfach versucht, zu kündigen. Außerdem hatte ich nach einer Recherche herausgefunden, dass die angegebene Adresse in der Plattform falsch war. Schließlich wurde eine Einigung mit dem Betreiber der Seite erzielt.

Aber diese Erfahrung hatte mich gelehrt. Deswegen sollte man sich immer kurz vor Vertragsabschluss die AGBs durchschauen und vor allem Begriffe wie

- Leistungen,
- Preise,
- Laufzeiten,
- Mitgliedschaft und
- Kündigung

durchschauen.

Diese Punkte sollten unbedingt durchgelesen werden, die ganzen AGBs durchzulesen wäre ratsam, ist aber nicht unbedingt erforderlich. Häufig sind die AGBs sehr verwirrend und sehr verzerrt formuliert, daher ist das gesamte Durchlesen der AGBs sehr anstrengend und schwer verständlich. Sie sind häufig in der Rechtssprache geschrieben, die für den Laien nicht verständlich oder nur schwer verständlich ist.

Aber das ist nicht die einzige Idee, die Single- oder Partnerbörsen betreiben, um ihre Seite instandzuhalten.

Als zweites gibt es sogenannte "Virtuelle Währungen". Bei diesen Währungen bezahlt man Geld für ein Guthaben. Also kurzum: Man bezahlt Geld, um mit Geld über diese Seite bezahlen zu können.

Diese Seiten finanzieren sich so: Viele dieser Seiten behaupten, dass man gar keinen Vertrag eingehe und kein Abo habe. Das stimmt zwar auch, aber die Kosten, die für diese sogenannten "Chips", "Coins" oder "Taler" bezahlt werden, gehen in unermessliche Höhen. Vor allem sind diese Währungen häufig das Zehnfache oder mehr wert als das, dass ursprünglich gezahlt wird. Also hier zählt nicht, dass 1 "Coin" = 1 Cent sind, sondern hier können 1 "Coin" = 20 Cent betragen. Wenn man z. B. 100 Coins bezahlt, dann wären nach dieser Rechnung 2000 Cent, also 20,00 Euro fällig. Doch manche Single- oder Partnerbörsen berechnen dies nach einem sehr undurchdringlichen und sehr dubiosem System, vor allem häufige Angebote zu angeblichen "Rabatten" sollen weitere Nutzer anlocken.

Hat man dann für 20,00 Euro 100 Coins erworben, dann kann man die Seite nutzen. Man kann z. B. einen "Kuss" versenden, das kostet schon mal 5 Coins. Eine Nachricht wird teilweise bis zu 20 Coins kosten oder mehr und so gehen diese Coins schneller weg als einem lieb ist. Je mehr man mit diesen "Virtuellen Währungen" auf diesen Seiten bezahlt, desto schneller ist das Guthaben aufgebraucht und am Ende muss erneut Geld bezahlt werden, um diese Währungen erneut zu erhalten, damit die Seite weiter genutzt werden kann.

Das ist wie in einem Kreislauf. Man kauft sich Geld für Geld und immer mehr, gerät in einen Sumpf, aus dem man nur schwer herauskommt. Zum einen getrieben davon, den richtigen Partner zu finden und da ist es egal, wie viel Geld man für diesen Wunsch tatsächlich ausgibt. Diese Situation ist ähnlich wie in einem Casino oder bei einem Spielsüchtigen: Man spielt immer mehr und immer weiter, weil das große Geld oder der Gewinn des Jackpots einen anlockt und verliert über sich selbst die Kontrolle und ist mitten in einem Teufelskreis, aus dem man nur schwer alleine herauskommen kann. So ähnlich ist es auch beim Kauf von Aktien an der Börse oder bei anderen Finanzdienstleistungen.

Und wenn man nicht schnell aufpasst, tappt man ganz schnell in die Schuldenfalle und verschuldet sich oder verspielt mehrere hundert Euro. Und? Lohnt es sich wenigstens? Ganz klar: Nein! Das ist eine beliebte und noch dreistere Masche, den Leuten das Geld aus der Tasche zu ziehen.

Am Ende dieser beiden Methoden kann man nur sagen, dass die Mitgliedschaft in finanzieller Hinsicht wesentliche Vorteile hat, aber in Sachen Vertragslaufzeiten auch Nachteile. Auf der anderen Seite verpflichtet sich man durch diese "Virtuellen Währungen" zu nichts und geht keinen Vertrag ein, aber durch das viele Geld, das man dafür ausgibt, besteht ein wesentlicher finanzieller Nachteil. Am Ende kann ich dazu nur sagen, dass es eigentlich keinen besseren Weg oder die bessere Wahl gibt. Jeder sollte das selbst entscheiden können, ob viel oder wenig Geld für die Partnersuche ausgegeben werden soll.
Aber von der Seriosität ist die erste Variante definitiv die beste und entlastet den Geldbeutel. Hier weiß das Mitglied auch, dass nach jedem Monat der gleiche Betrag abgebucht wird. Nur sollte man sich genau die AGBs unter die Lupe nehmen, bevor man sich eine "Premium-Mitgliedschaft" bucht. Bei genauer Abwägung aller Seiten steht dem Suchen nach dem Partner eigentlich nichts mehr im Wege.
Bei der zweiten Variante sollte man sich wirklich überlegen, ob man so viel Geld für die ganzen Services und Dienstleistungen ausgeben will. Denn diese "Virtuellen Währungen" übersteigen das einer kostenpflichtigen Mitgliedschaft um ein Vielfaches. Auch hier spreche ich leidgeplagt aus eigener Erfahrung.
Aber es gibt nicht nur Partner- und Singlebörsen, die Menschen eigentlich zusammenbringen sollen. Da gibt es noch

andere Dinge, die nachfolgend genauer untersucht werden sollten!

2. Partnervermittlungen und Partneragenturen

Die Sucherei im Internet ist sicher nicht für alle das beste oder der richtige Weg. Denn in einer Zeit, der die Menschen in Eile von A nach B hetzen und kaum Zeit haben und in der die Globalisierung und die ständige Erreichbarkeit ihr Übriges tun, finden viele Partnersuchende einen anderen und eigentlich bequemeren Weg, das Glück zu finden: Über sogenannte Partneragenturen oder Partnervermittlungen.

Das Prinzip bei diesen Vermittlungsagenturen ist eigentlich ganz einfach: Man meldet sich auf dieser Seite an, nennt seine Daten (dazu gehören auch bei manchen Partner- und Singlebörsen die vollständige Adresse, aber auch Telefonnummer und Hausnummer) und dann werden einige Mitarbeiter für einen tätig.

Was die wenigsten aber wissen: Das ist eine Dienstleistung. Und diese Dienstleistung kostet entsprechend Geld. Ist eigentlich logisch. Aber manche Vermittlungsagenturen gehen sehr trickreich heran, um Mitglieder zu finden: Sie verstecken die Kostenpflicht, tun so, als ob es kostenlos wäre und keine Dienstleistung!

Zunächst werden diese Mitarbeiter dieser Agenturen tätig, in dem sie persönliche Partnervorschläge heraussuchen und einem per E-Mail zusenden. Das ist zunächst nichts ungewöhnliches. Wenn man sich für einen dieser Partnervorschläge entschieden und per E-Mail geantwortet hat, bekommt man wenige Tage später Post. Meistens steht in diesem Schreiben, dass man den Termin telefonisch bestätigen soll. Aber wenn man sich das Schreiben genauer ansieht, wird deutlich, dass man da schon hellhörig werden solle, denn wer arbeitet denn an einem Sonntag oder am Feiertag? Welche Agentur hat denn da geöffnet? Eigentlich gar keine. Zwar ist in Zeiten der globalisierten Welt einiges möglich, aber die Mitarbeiter wollen doch auch ein Wochenende oder einen freien Tag in der Woche haben. Das sollte jeden aufmerksam machen.

Nachdem man den Termin zugesagt hat, geht man natürlich an dem besagten Tag zu der angegebenen Adresse hin, die sich auf dem Briefkopf befindet. Dabei können drei Dinge passieren:

1. Eigentlich sollte man immer mit etwas positivem anfangen und das tun wir auch. Die angegebene Adresse ist richtig, man wird freundlich beraten, empfangen und seriös behandelt. Man redet kurz über weitere Vertragsinhalte, wird auf Kündigungsfristen hingewiesen und dann wird ein Kennenlernen vereinbart, bei der man die Person auf dem ausgesuchten Partnervorschlag trifft und sich näher beschnuppert. Dann kann man sagen, ob sich vielleicht daraus etwas entwickelt.

Allerdings ist das eine Wunschvorstellung. Stattdessen kommen die beiden anderen Möglichkeiten leider viel häufiger vor:

2. Diese Möglichkeit ist die kostengünstigste, aber auch die blödeste von allen. Man erscheint an der angegebenen Adresse und es ist niemand da. Keine Partneragentur, vielleicht noch nicht einmal ein Gebäude. Das ist natürlich sehr enttäuschend: Eine Seite, die sich als Partneragentur ausgibt, existiert gar nicht!

3. Diese Variante ist die teuerste und die dubioseste von allen. Man erscheint am vereinbarten Treffpunkt

und es gibt tatsächlich eine Partneragentur, die so heißt. Man klingelt, wird freundlich begrüßt und in seriös anschauenden Räumen empfangen. Nach einer kurzen Begrüßung und kurzen wichtigen Bemerkungen zum Prozedere geht es ans Finanzielle. Der Kunde soll in diesem Fall einen Vertrag unterschreiben. Bei genauerem Hinsehen wird einem deutlich, dass dieser Vertrag einem das Konto um mehrere tausend Euro (!) erleichtert. Das verunsichert. Auch hier trennt sich erneut die Spreu vom Weizen: Die einen unterschreiben den Vertrag, um dem Liebesglück näherzukommen, die anderen - das sind nicht viele - verlassen die Räumlichkeiten empört und suchen sich einen anderen Weg, einen Partner kennenzulernen. Diejenigen, die unterschrieben haben, sind in einem Gemisch aus Kosten- und Vertragsfalle. Nach der Unterschrift wird noch kurz das weitere Prozedere besprochen und schon ist die Sache beendet. Man wartet dann auf ein versprochenes Telefonat oder auf einen Brief zum weiteren Ablauf und man erhält - gar nichts! Zwar geht man ein Vertragsverhältnis in diesem Moment ein, aber die andere Vertragsseite kommt ihren Pflichten nicht nach. Und wenige Tage nach der Unterschrift kommt die Ernüchterung, dass man tatsächlich mehrere tausend Euro (!) weniger auf dem Konto hat als zuvor. Und aus dieser Sache herauszukommen, ist sehr schwierig. Da helfen nur rechtliche Schritte.

Das ist die Masche von diesen Agenturen. Mit dem Geld anderer sich eine große goldene Nase verdienen! Hier kann ich nur vermuten, dass es sich bei den angeblichen Räumen der Agenturen auch gar nicht um die eigenen Geschäftsräume gehandelt hat, sondern vielleicht um die Räume einer leer stehenden Firma oder einer früheren Kanzlei. Dann kann man aus strafrechtlicher Hinsicht sagen: Das ist ein ganz klarer Fall von Betrug!

Am Ende ist zu sagen, dass diese Partneragenturen meiner Meinung nach nicht zu empfehlen sind, sie wollen sich an dem Glück anderer bereichern. Es gibt natürlich - wie bei den Partnerbörsen - Agenturen, die auf seriöse Art und Weise andere Menschen zusammenbringen wollen, doch die sind sehr selten. Ein wichtiger Tipp ist auf jeden Fall, dass man über eine Suchmaschine nachforscht, ob Menschen mit diesen Betreibern schon Erfahrungen gesammelt haben oder nicht. Dadurch kann man sich absichern. Aber diese Entscheidung bleibt natürlich jedem selbst überlassen. Aber es gibt noch andere Möglichkeiten, einen Partner kennenzu-lernen, die wir im nachfolgenden weiteraufarbeiten!

3.   Kontaktanzeigen im Internet

Dass sich Partner über eine Kontaktanzeige kennenlernen, ist eigentlich nichts Neues. Früher war es über die Zeitung die beste Möglichkeit, einen potenziellen Partner kennenzulernen. Da kam dann jemand zu einem nach Hause und nahm die Daten auf. Durch das Internet ist das heute viel leichter und man kann sich diese Schritte sparen und gibt einfach selbst eine Kontaktanzeige auf.

Es gibt im Internet zahlreiche Portale mit Kontaktanzeigen, bei der man den potenziellen Partner suchen kann. Denn viele Kleinanzeigenportale bieten neben den üblichen Kleinanzeigenkategorien auch Kontaktanzeigen an. Außerdem muss man sich bei vielen dieser Portale gar nicht erst anmelden, eine Anmeldung vereinfacht aber die ganze Sache.

Aber auch hier sind einige Dinge zu beachten: Wenn man sich bei einem Kontaktanzeigenportal registriert, muss einem klar sein, dass man einen Vertrag eingeht. Nach der Registrierung wird die Kontaktanzeige verfasst, dazu gehört eine gute Beschreibung und ein ordentliches Foto. Und sobald die Kontaktanzeige frei gegeben wurde, ist Geduld gefragt.

Aber es gibt natürlich auch hier wieder einiges, was nicht ganz gut läuft. Zum einen muss man bei diesen Portalen doch Geld bezahlen und zwar nämlich dann, wenn die Anzeige über eine gewisse Zeit in den Suchergebnissen möglichst weit oben gelistet werden, damit die Anzeige von anderen Nutzern nicht übersehen werden. Aber das finanzielle Maß ist nicht ganz so überzogen wie bei den ersten beiden anderen Punkten, aber dies gilt es zu beachten.

Natürlich wartet man nicht die ganze Zeit, nachdem die eigene Anzeige im Portal freigegeben worden ist, ob eine andere Person auf die Anzeige antwortet. Es ist wichtig, selbst aktiv zu werden und nach anderen Kontaktanzeigen zu suchen und hier lauert auch schon der nächste Haken. Aber nicht auf den ersten Blick, sondern erst auf den zweiten Blick. Bei einer Kontaktanzeige wird die Person angeschrieben. Schon nach kurzer Zeit erhält man eine Antwort, mit einem sehr netten und höflich formulierten Schreiben. Aber erst auf dem zweiten Blick erkennt man, dass das Gegenüber sich auf einer anderen Seite registriert hat und ein Link in der Nachricht aufgeführt ist. Der Link wird angeklickt und schon wird man auf eine Seite weitergeleitet, die sich dem ersten Punkt mit den "Virtuellen Währungen" sehr ähnelt. Nun besteht das gleiche Problem, das bereits zuvor beschrieben wurde. Auf der einen Seite möchte man die Person nicht vergrämen, auf der anderen Seite hat man diese Person nicht angeschrieben, um mit ihr über einem anderen Portal Kontakt aufzunehmen und die Person dort anzuschreiben. Antwortet man dieser Person und lehnt es ab, dass man sich auf dieser Seite registriert, kommt gar keine Antwort mehr!

Das ist allerdings nicht das einzige Problem, mit dem die Kontaktanzeigenbetreiber zu kämpfen haben: Zum anderen lauern immer wieder Fakes, die sich gar nicht erst melden, zumal sie in den Profilen bewusst Rechtschreib- oder Grammatikfehler verwenden. Auch auf Anzeigen von ausländischen Menschen sollte ein Stück weit Misstrauen entgegen gebracht werden. Natürlich gibt es auch ausländische Menschen, die jemanden kennenlernen wollen, das ist völlig legitim. Aber es gibt Menschen, die einem etwas andrehen möchten, einen Vertrag oder andere Dinge, die man selbst gar nicht benötigt oder die man selbst bereits besitzt. Davon sollte unbedingt die Finger gelassen werden, sonst geschieht das, was unter dem zweiten Punkt bereits erläutert wurde.

Aber das sollte einen nicht wundern, denn viele Kontaktanzeigenportale warnen beim Antworten einer Kontaktanzeige darauf, sich auf diese Dinge erst gar nicht einzulassen. Das heißt: Die Portale geben keine Gewähr, dass sich unter den ganzen Kontaktanzeigen auch schwarze Schafe befinden, die etwas anderes wollen als das, was dort angeboten wird. Das heißt: Die Betreiber von Online-Kontaktanzeigen schieben jede Verantwortung auf die Nutzer selbst ab, um am Ende nach einer möglichen rechtlichen Auseinandersetzung gut da zustehen!

Also ist diese Art und Weise, einen Partner zu suchen, nicht ganz zu empfehlen, zumal es kostenlos ist und sich dort auch sehr viele Fakes befinden, die eine ganz andere Vorstellung der Partnersuche haben als diejenigen, die es wirklich ernst meinen!
Natürlich ist diese Variante aber auch eine gute Möglichkeit, weil sie den Geldbeutel sehr entlastet oder ihn fast gar nicht antastet, zumal auf kein Abo oder eine teure Mitgliedschaft eingegangen wird. Aber hier muss alles genau beobachtet werden. Deswegen hierzu kurz folgende Regeln bezüglich dieser Portale, die Kontaktanzeigen anbieten:

1. Bei einer Antwort per E-Mail mit einem Link auf eine andere Seite: Nicht antworten!
2. Wenn eine Antwort per E-Mail kommt mit Daten, wie man Geld verdienen kann oder wo man etwas bezahlen muss, am besten sofort löschen!
3. Bei den Kontaktanzeigen genau schauen, ob sich in der Anzeige selbst nicht Rechtschreib- oder Grammatikfehler befinden. Wenn ja, diese am besten meiden!

Mit diesen drei Regeln kann man diese Seiten dann doch ganz gut nutzen, allerdings ist die Erfolgsquote hierbei sehr gering. Mir persönlich ist keine einzige Geschichte bekannt, bei der sich zwei Menschen durch eine Kontaktanzeige im Internet kennen und lieben gelernt haben.

Zum Schluss sollte man noch kurz erklären, wie eine perfekte Kontaktanzeige auszusehen hat. Das ist nicht so leicht zu beantworten. Am besten sollte sie authentisch sein mit einem schönen Bild, möglichst keine Rechtschreib- und Grammatikfehler enthalten, aber nicht zu ausführlich geschrieben, die der Länge einer Zusammenfassung eines Romans ähnelt. Eine sachliche Beschreibung über sich selbst und das, was man sucht, sollte genügen, um wenigstens Kontakt mit anderen zu bekommen.

Ein zu langer Text birgt die Gefahr, dass das Gegenüber sich sehr schnell davon verabschiedet, weil es zu lang und irgendwann auch zu langweilig wirkt. Ein zu kurzer Text wirkt unseriös und zu platt; so sollte man sich auch nicht ausdrücken. Allerdings gibt es hierfür nicht den perfekten Text, wie eine Kontaktanzeige zum großen Erfolg verhelfen kann!

Am Ende sollte jeder für sich selbst entscheiden, ob er im Internet eine Kontaktanzeige aufgibt oder nicht. Es gibt viele Fakes, aber die Möglichkeit ist auch gegeben, dass es den einen oder anderen Treffer gibt, der am Ende zum Treffen führt!

4. Partner über Soziale Netzwerke und Whatsapp finden

Eigentlich klingt es total einfach: Fast jeder von uns ist mittlerweile in einem sozialen Netzwerk angemeldet. Hier kann der breiten Masse jeder Augenblick seines Lebens geteilt werden. Dabei sollte man nicht vergessen, dass das Internet nichts vergisst.

Aber es gibt auch Möglichkeiten, über die sozialen Netzwerke jemanden kennenzulernen. Doch auch hier muss man sehr gut aufpassen: Es gibt viele Singlegruppen, die Singles aufnehmen, bei denen es Veranstaltungen gibt, wo man potenzielle Partner kennenlernen kann. Vor allem kann man dies in erster Linie kostenlos tun.

Während zu Beginn der Zeit der sozialen Netzwerke noch Facebook dominierte, gibt es mit Twitter, Instergram oder TikTok noch andere soziale Netzwerke, die immer höhere Mitgliederzahlen haben und Facebook als das führende soziale Netzwerk den Rang ablaufen. Der Grund für eine Anmeldung in einem sozialen Netzwerk ist sehr einfach: Da es kostenlos ist, kann jeder x-beliebige ein Profil erstellen und es online stellen oder es auch mit seinen Angaben nicht ganz so genau nehmen. Natürlich ist das bei Singlebörsen oder Partneragenturen auch möglich, aber hier ist es eben noch offensichtlicher. Man kann unzählige Fotos, Fotoalben, Videos, etc. hereinstellen, aber manchmal ist es sehr schwer, herauszufiltern, ob es sich um Singles handelt oder nicht.

Schreibt man nun einen dieser potenziellen Partner an, ist die Chance fifty-fifty, dass jemand zurückschreibt. Zumal kann man den Nutzer direkt eine Freundschaftsanfrage schicken. Und hier liegt auch ein Nachteil: In den ersten Jahren konnte jeder Nutzer jedem x-beliebigem Mitglied dieser Plattform eine Freundschaftsanfrage schicken. Facebook passte nicht immer auf, ob man die Person wirklich kennt. Das Netzwerk verlässt sich einfach darauf, dass man die Personen kennt, denen man eine Freundschaftsanfrage sendet. Außerdem ist die Möglichkeit sehr groß, dass man die Freunde von den Freunden kennenlernt. Das geht natürlich noch so weiter, bis die Zahl der Facebook-Freunde im dreistelligen Bereich liegt, mit denen angegeben und geprahlt werden kann. Eine Zahl von um die 100 erscheint mir da als realistisch anzusehen, alles andere, was weit darüber liegt, erscheint mir zu unrealistisch. Es war mal ein Trend, möglichst viele Facebook-Freunde zu sammeln, um sich damit brüsten zu können. Und hier liegt ebenfalls ein Nachteil: Es gab bereits in den vergangenen Jahren mehrere Einsätze der Polizei, weil junge Menschen, die bei Facebook angemeldet waren und ihren Geburtstag feiern wollten, eine öffentliche Einladung zum Geburtstag als Post verschickt haben. Die Folge war - und das ist ganz klar - dass unzählige Menschen, hunderte oder sogar tausende Menschen den Garten und die Straße sowie die halbe Nachbarschaft bevölkerten. Das ist kein gutes Gefühl, zumal auch noch die Polizei ausrücken musste und sagen muss, dass die Personen aufgrund von Beschwerden von Nachbarn oder anderen Bewohnern der Straße das Grundstück wieder verlassen mussten.

Aber bei Facebook jemanden kennenzulernen ist sehr unwahrscheinlich und fast utopisch. Natürlich gibt es - wie bei den vorherigen Möglichkeiten - immer Ausnahmen, aber die bestätigen nicht gerade die Regel. Es sind keine Zahlen bekannt, wonach sich eine bestimmte Anzahl an Nutzern bei Facebook kennen und lieben gelernt haben, auch bei den anderen sozialen Netzwerken nicht.

Gelockt werden aber Facebook-Nutzer mit Singlegruppen, die ich oben bereits schon einmal kurz anriss. Eigentlich eine gute Idee, aber auch hier tummeln sich schwarze Schafe. Viele Singlegruppen existieren nicht oder viele Gruppen sind tot, weil schon längere Zeit das Profil nicht aktiv genutzt wurde. Auch Whatsapp-Nummern werden bei Facebook präsentiert ohne ernste Absichten. Damit kommen wir zu Whatsapp.

Whatsapp gehört inzwischen zu Facebook und hat in Deutschland sehr hohe Nutzerzahlen. Man kann hier eine gewisse Weiterentwicklung und Veränderung der Kommunikationsform und der Kommunikationsart erkennen.

Zu Beginn der Digitalisierung war die SMS das ultimative neue Kommunikationsmittel. Die Zeichen der SMS waren begrenzt, dies kostete auf Dauer natürlich Geld. Durch Facebook änderte sich das. Facebook lief der guten alten SMS irgendwann den Rang ab. Durch kurzes und kostenloses Versenden von Nachrichten wurde vor allem für jüngere Leute eine attraktivere Alternative geschaffen. Das endgültige Ende der SMS leitete schließlich Whatsapp ein. Kaum einer schreibt heutzutage eine SMS, allerdings scheint sie in der letzten Zeit einen leichten Aufwärtstrend zu erfahren.

Das Internet versucht hier das angenehme mit dem nützlichen zu verbinden. Eigentlich eine gute Sache, doch bei genauerem Hinsehen fällt einiges auf.

Wenn man sich dafür entscheidet, über Whatsapp die große Liebe zu suchen, der wird schnell enttäuscht. Eigentlich ist das auch ganz logisch. Denn bei Whatsapp gibt man die Handynummer, also die Mobilnummer, preis und das machen nur die allerwenigsten oder würde das wirklich jeder machen? Klares Nein, aber es gibt Portale, die damit locken. Bei diesen Portalen muss man unterscheiden: Die einen locken mit Sexangeboten und sogenannten "Nackt-Selfies". Wenn man dann eine entsprechende Frau, denn Männer sind in diesen Portalen kaum zu finden, anschreibt, erlebt man ebenfalls eine Ernüchterung. Zwar antwortet die Auserwählte, allerdings anders als man denkt. Statt einem Kennenlernen über Whatsapp wird einem eine Kontaktbörse angeboten, über die nur gechattet werden kann - mit vorheriger Anmeldung. Nun steht man erneut vor der Frage, ob man das machen soll oder nicht. Häufig ist das für viele keine große Hürde. Und nach der Anmeldung stellt man fest, dass es sich um Erotikportale handelt, die das gleiche Prinzip wie unter Punkt 2 haben und die wir im Folgenden noch näher beleuchten wollen.

Aber nicht nur das wird einem über Whatsapp "angeboten". Auch eine andere Methode fällt auf: Man schreibt also jemanden an und der redet sich förmlich heraus, man soll sich ebenfalls auf einer anderen Flirtbörse oder Kontaktform anmelden aus unterschiedlichen Gründen. Typische Ausreden, für die eigentlich keiner Verständnis haben sollte, wie z. B. *"Mein Freund kontrolliert mich mit meinem Handy, sieht mit wem ich schreibe und ich habe halt dieses Problem, da er extrem eifersüchtig ist. Melde dich doch bei xy an und da können wir weiterschreiben."* Eine junge Frau hat sich von ihrem Partner getrennt, der Ex kontrolliert sie aber weiter und die Dame will sich nun endlich von ihm lösen, indem man das Gegenüber um etwas bittet. Eigentlich nichts ungewöhnliches. Doch bei genauerer Betrachtung kann man den Eindruck auch gewinnen, dass dies Teil eines perfiden Systems ist. Hier können auch Kunden angelockt werden, die sich bei einer Flirtbörse zu registrieren haben und anschließend durch das Schreiben sehr teure Coin-Pakete bezahlen sollen mit dem Ziel, dass die Betreiber dieser Seiten wieder an ahnungslosen Menschen Geld verdienen.

Aber es gibt auch noch eine andere Ausrede, wie *"Ich schreib über dem Handy einer Freundin oder eines Freundes, weil ich mein Handy verlegt/verloren oder geklaut wurde. Der Freund meiner Freundin oder umgekehrt will*

das nicht und deswegen bitte ich dich, bei xy anzumelden."
Eine Person antwortet jemanden mit dieser Bitte. Dieser Person ist das Handy gestohlen worden oder sie hat das Gerät verloren oder sonstiges und man soll sich über eine Flirtbörse anmelden, bei der auch wieder teure Coins-Pakete gebuchen werden sollen. Denn dies ist genauso eine Ausrede wie die erste. So plausibel eine Ausrede sein kann, dahinter steckt eine Strategie von Partnerbörsen oder Flirt-börsen, die bewusst mit solchen Whatsapp-Diensten zu-sammenarbeiten, um Kunden anzuwerben. Das ist genauso wie im Einzelhandel, wo jeder Anbieter auch versucht, der Konkurrenz möglichst viele Kunden abzujagen. Das ist die Konsequenz aus der neoliberalen Marktwirtschaft. Das klingt zwar traurig, weil eigentlich Partnerbörsen oder Partner-vermittlungen eine Dienstleistung anbieten und nicht Kun-den abjagen sollen. Sie greifen damit auch andere Bereiche ein, indem sie Kooperationen eingehen, die rechtlich äu-ßerst bedenklich sind. Dazu kommen wir aber noch später.
Aber das ist nicht das einzige, dass mit Whatsapp passieren kann. Es geht schließlich auch um Handynummern. Manche Dienste wollen Kunden anlocken und versprechen einem, nette Damen kennenzulernen, indem man sich diese Num-mern "abkauft" (!). Das ist rechtlich äußerst fragwürdig und sollte gar nicht erst in Betracht gezogen werden. Dahinter stecken nicht nur Flirtbörsen, sondern kriminelle Organisati-onen, die nicht nur einem das Geld aus der Tasche ziehen wollen, sondern auch dafür sorgen wollen, dass bei nicht rechtzeitiger Bezahlung ein unangenehmer Besuch abge-stattet wird oder dass man sich zu Aktionen hinreißen lässt, die straftatbewehrt sind. Vor solchen Angeboten sollte jeder gewarnt sein!
Unter Punkt 3 habe ich erläutert, wie die Chance ist, über eine Kontaktanzeige den Partner oder die Partnerin kennen-zulernen. Und hier verbinden sich zwei Varianten: Whatsapp

und Kontaktanzeigen. Es gibt Kontaktanzeigenportale, bei denen Damen ihre Nummer hinterlassen, die man über Whatsapp kontaktieren kann. Doch auch hier steckt der Teufel im Detail: Die Kontaktanzeigen, bei denen eine Handynummer durch Whatsapp hinterlegt sind, sollte man sich genau anschauen. Häufig handelt es sich hierbei um Frauen, die ihre Nummer faken, also die Nummer existiert bei Whatsapp gar nicht oder die Frauen wollen Sex gegen ein bestimmtes "Taschengeld" anbieten. Manchmal ist von einem "TG-Treffen" oder "Sex gegen TG" die Rede. Und das ist auch eine Masche, vor der man sich in Acht nehmen soll. Natürlich ist es für diejenigen, die den Spaß suchen, völlig legitim, aber hier soll der Nutzer auch wieder Geld für etwas bezahlen, bei der man gar nicht sicher sein kann, ob sie wirklich zustande kommt.

Aber es gibt noch eine andere Methode, mit der ahnungslose Personen geprellt werden: Häufig lauern bei diesen Kontaktanzeigenportalen, bei denen eine Handynummer mit Whatsapp hinterlegt ist, die Falle, dass die potenzielle Frau einem die große Liebe verspricht, aber eine entsprechende Gegenleistung dafür haben möchte. Die Frau verspricht entweder weiterzuschreiben, allerdings nicht über Whatsapp, sondern verlangt, dass man dieser Frau Guthaben eines bestimmten Mobilfunkanbieters wie Vodafone, Telekom, etc. besorgt und dieser Person den Code schickt, damit man weiterschreiben kann. Natürlich kann man das ein oder zweimal machen, aber doch nicht dauerhaft und auch nicht monatelang. Angeblich würde man das Geld wiederbekommen, doch mit dieser Masche sollen mittel- und langfristig ahnungslose Männer um mehrere hundert Euro geprellt werden. Die zweite Variante ist die, dass die Person - wie bei der ersten Variante - einem die große Liebe verspricht und verlangt, dass man dieser Person über einen Geldtransfer Geld zukommen lässt. Angeblich würde man das Geld auch hier zurückbekommen. Doch das Geld ist dann in absolut fremden Händen und niemand kann garantieren, dass das Geld auch wirklich zurückkommt.

Zum Schluss bleibt zu sagen: Die Chance, über Facebook oder Whatsapp jemanden kennenzulernen, ist gleich null. Wie schon erwähnt, gibt es die Möglichkeit, dass man über diese beiden Plattformen jemanden finden kann, doch die Chance ist sehr gering. Vor allem bei Whatsapp ist Vorsicht geboten, denn hier arbeiten die Flirtbörsen mit diesen Whatsapp-Diensten zusammen. Und vor allem von dem Nummern kaufen sollte man die Finger lassen. Dies würde mich nicht wundern, wenn man sich dadurch auch schon strafrechtlich belasten würde. Aber es gibt noch andere Möglichkeiten, die wir noch näher beleuchten wollen.

5. Potenzielle Partner über Flirt- oder Erotik-börsen finden

Natürlich gibt es noch eine andere Möglichkeit, einen Partner zu finden. Aber diese Möglichkeit ziehen viele Singles gar nicht in Betracht. Ihre Reaktion ist auch sehr nachvollziehbar, denn ist der Erfolg bei einer Flirt- oder Erotikbörse höher als bei Partnerbörsen? Das ist schwierig zu beantworten, denn mit einer Erotikplattform wird häufig Sex verbunden, auch Sex gegen Bezahlung. Aber das wollen wir zunächst einzeln näher betrachten.

Flirtbörsen bietet für Singles, die gerade eine Partnerschaft hinter sich haben, eine Alternative ohne Druck und Zwang, jemanden kennenzulernen, mit dem sich getroffen werden in einem Café etc. Doch auch hier sollte man stets aufpassen. Denn die Portale versuchen auch alles, um potenzielle Kunden anzuwerben.

Manche gehen ganz trickreich heran: Häufig werben sie damit, dass sie kostenlos sind, was sie aber gar nicht sind. Denn häufig versteckt sich das unter Punkt 2 angesprochene System mit den "virtuellen Währungen".

Man meldet sich also erneut an mit dem Gedanken, kostenlos nette Menschen kennenzulernen und das ungezwungen. Nach der kostenlosen Anmeldung bei der Suche nach ein wenig Spaß wird einem erneut ein Paket mit "Coins" angeboten, um die Plattform weiter zu nutzen. Die Coin-Pakete haben natürlich verschiedene Größen und kosten verschieden viel, allerdings wenn bei Berechnung auf den Einzelpreis, kommt die gleiche Rechnung heraus wie unter Punkt 2 beschrieben. Und nun die Entscheidung, ob das Angebot abgelehnt oder angenommen werden soll: Auf der einen Seite möchte man neue Bekanntschaften machen, mit denen der Nutzer Spaß haben möchte. Aber auf der anderen

Seite erinnert man sich noch an die Startseite, auf der die Plattform als "kostenlos" angepriesen wurde. Das ist ganz klar arglistige Täuschung. Auf die rechtlichen Verstöße und Dinge, die diese Plattformen betreffen, kommen wir noch später zu sprechen. Von diesen Flirtbörsen sollte man definitiv die Finger lassen.

Aber es gibt auch kostenlose Flirtbörsen. Leider ist auch hier die Chance nicht sehr groß, neue Leute kennenzulernen. Auf der einen Seite sind sie kostenlos, was zwar einerseits ein großer Vorteil ist, andererseits natürlich die Gefahr von Fake-Profilen erheblich erhöht. Und nicht nur das: Auch die Bekanntheit und die Mitgliederanzahl dieser kostenlosen Portale ist sehr übersichtlich, also sehr gering. Das ist natürlich enttäuschend, zumal die Hoffnung weiterhin groß, ungezwungen neue Menschen kennenzulernen. Allerdings bietet sich hier eigentlich eine große Chance: Diese wenigen kostenlosen Portale sollte man mit einer genauen Fake-Aktivierung ausstatten, die Fake-Profile erkennt und sofort löscht. Und hier sollte man eigentlich kräftig die Werbetrommel rühren, damit sich Singles anmelden. Eine große Chance, die sich diesen Plattformen bietet, ist die, nachher so viele Mitglieder zu haben, um in Konkurrenz mit den großen Partnerbörsen zu gehen und auch mit Facebook und Whatsapp zu konkurrieren. Doch das ist einfach gesagt als getan, da das Angebot sehr groß, fast schon zu groß, ist.

Aber die Flirtbörse ist nur eine Zwischenstufe. Entscheidet man sich tatsächlich dafür, sich bei einer Erotik- oder Sexplattform anzumelden, gilt es auch, einige Dinge zu beachten. Denn dies ist ein sehr gewagter Schritt. Bei diesen Portalen sollte man zunächst bedenken, was man genau preis gibt, denn das Internet vergisst nichts. Zudem sollte man stets bedenken, wenn man Angestellter ist, sollte man sich diesen Schritt reiflicher überlegen, da die Gefahr, dass der eigene Chef einen zufällig dort findet, nicht zu unterschätzen ist.

Nach diesen Überlegungen geht die Anmeldung ebenfalls sehr schnell. Man legt wie bei allen anderen "normalen" Plattformen ein Profil an und kann ein Profilfoto hineinsetzen. Doch beim Durchsuchen fällt einem auf, was manche Mitglieder für Fotos von sich ins Netz stellen. Schnell kommen zwei Gedenken auf: Wie niedrig mittlerweile die Schamgrenze ist und wie naiv viele Menschen mittlerweile sind. Hier fehlt auch der letzte Anstand und etwas Würde. Für manche wäre dies ein Grund, sofort wieder herauszugehen. Doch wir wollen uns noch etwas detaillierter die Erotik- und Sexportale betrachten: Wenn man sich die Profile weiter anschaut, wird deutlich, dass man noch sehr viel mehr angeben kann. Manche geben dort eine Handy- oder Telefonnummer an oder eine E-Mail-Adresse. Bei manchen Anbietern gibt es einen SMS-Button, bei der man mit dem jeweiligen Mitglied via SMS schreiben kann. Eigentlich eine nette und praktische Idee, doch die Sache hat einen ganz großen Haken: Die Kosten. Die Kosten dieser SMS-Nutzung ist nicht ganz unerheblich, denn bei diesen Portalen kostet eine SMS über dieses Portal 1,99 €, 2,99 € oder noch viel mehr. Ein System, das mit den virtuellen Währungen vergleichbar ist. Hier wollen die Anbieter auch richtig abkassieren. Aber nicht nur das: Es ist zweifelhaft, wenn ich eines dieser Mitglieder anschreibe, sich wirklich ein Mitglied dieser Plattform dahinter verbergt oder nicht eher ein Mitarbeiter dieser Plattform (!). Denn häufig schleusen sich die Mitarbeiter dieser Plattformen als potenzielle Mitglieder auf der eigenen Seite ein, um zu schauen, wie die Plattform läuft. Eigentlich ist dies nicht ungewöhnlich, aber sehr selten. Es gibt Händler, die sich undercover als potenzieller Kunde in einer Filiale einer großen Warenhauskette einschleusen, um herauszufinden, woran es liegt, weswegen in einer bestimmten Filiale der Umsatz und der Ertrag nicht so groß ist. Und so ähnlich läuft das auch mit diesen Erotikportalen. Deswegen sollte man sehr misstrauisch hierbei sein. Nicht nur, dass sich Mitarbeiter als Mitglieder einschleusen, auch die Echtheit der Bilder ist hier besonders zu beachten. Eigentlich sollte man dies auch bei Single- oder Flirtbörsen genauer betrachten, aber hier gilt es, noch genauer hinzuschauen, denn unter diesen Portalen verbergen sich häufig viele Fake-Profile, obwohl diese Anbieter kostenpflichtig sind. Neben dem Coin-System verwenden sie auch das Abo-System, bei dem man auch nicht ganz so einfach herauskommt. Wir haben es unter Punkt 2 bereits schon angerissen.

Aber es gibt auch eine andere Art, diese Erotik- oder Sexplattformen zu betrachten. Vor allem bei Sexportalen kann man sich häufig als "Amateur" anmelden und von sich Videos oder Fotos einstellen, bei der man sich häufig nackt oder beim Geschlechtsverkehr zeigen lässt. Etwas abscheulicheres und fragwürdigeres gibt es nicht. Und hier werden die Mitglieder neben den üblichen Bezahlmethoden mit einem ganz besonderen Bonbon gelockt: Leistet man einen bestimmten Vorschuss, kann man ein Mitglied der gehobenen gehobenen Klasse werden und so selbst dazu animiert werden, Kunden anzuwerben. Das ist schon sehr krass und sehr fragwürdig, nicht nur moralisch, sondern auch rechtlich. Vor allem die Tatsache, dass man dies auf Vorkasse leisten soll, zeugt nicht gerade von großer Seriosität. Auch die Tatsache, dass man hier in einer Art "Zwei-Klasse-Denken" hineingesteuert wird, zeugt gerade nicht von Bescheidenheit, sondern eher von Arroganz und Hochnäsigkeit. Auch die Anonymität bei diesen Sexplattformen geht völlig verloren. Hier sollte man genau aufpassen und schauen, was man macht und was man besser sein lässt. Denn schnell wird man auch hier zu Dingen aufgefordert, die man gar nicht erst machen möchte. Die Gefahr ist hier auch sehr hoch, dass Frauen von männlichen Mitgliedern zu Dingen aufgefordert, die sie gar nicht wollen. Dies geht dann in den strafrechtlichen Bereich.

Zum Schluss bleibt zu diesem Punkt zu sagen, dass Flirtbörsen eine gute Alternative zu Singlebörsen oder Partnervermittlungen sind, allerdings genauer zwischen guten seriösen Anbietern und schlechten Anbietern unterschieden werden sollte. Zu den Erotik- und Sexportalen sollte man sich genau hinterfragen, ob diese wirklich seriös ist und man wirklich dort sein Geld investieren sollte. Denn diese Portale wollen einen schröpfen. Das ist das vorrangige Ziel, auch das "Bonbon" von manchen dieser Portale ist sehr hochgesteckt und die Frage, ob damit das "große" Geld gemacht werden soll, ist auch zweifelhaft. Von daher sind die Erotik- und Sexportale nicht zu empfehlen. Aber wir haben noch einen Sonderfall, den wir beleuchten wollen.

6.   Sonderfall "Knuddels"

Es gibt Dinge, die stehen weder für das eine noch für das andere. Auch bei Plattformen, bei denen man Singles oder andere neue Menschen kennen lernen können, ist dies der Fall. Eine Ausnahme oder einen Sonderfall in dem Bereich zwecks Partnersuche bildet der Chat "Knuddels." Viele werden sich jetzt fragen, dass es Quatsch sei, ausgerechnet bei "Knuddels" jemanden kennen zu lernen, doch nicht unrealistisch. Aber auch hier gibt es einige Dinge, die es zu beachten gilt.

Für diejenigen, die mit dieser Plattform nichts anfangen können, eine kurze Erläuterung: Knuddels ist ein Chat wie Facebook, allerdings anders im Aufbau. Dieser Chat war der Vorreiter bei jungen Leuten in Sachen sozialen Kontakten, als Facebook noch in den "Kinderschuhen" steckte. Aber Knuddels war nicht der einzige Chat, den es gab: Es gab noch "SchuelerVZ", "StudiVZ" oder "icq", um nur einige zu nennen. Man kann sie quasi als Vorreiter einer Veränderung in der Art und Weise unserer Kommunikation bezeichnen. Aber auch hier sollte man genau hinsehen, was passiert. Ich verweise dazu auf Punkt 4 und Facebook.

Die Anmeldung bei Knuddels ist relativ einfach. Sie geht auch recht schnell und eine bestimmte Anzahl an Chats stehen einem zur Verfügung. Knuddels ist eine reine Chatplattform, ein richtiges Profil kann man eigentlich nicht anlegen. Den Machern von Knuddels kommt es wohl darauf an, dass man sich direkt austauscht, was bei anderen Plattformen, auch Chats, nicht der Fall ist. Aber auch hier gibt es schwarze Schafe, bei denen man verdammt aufpassen muss.

Zum einen muss man bedenken, dass sich Knuddels nicht nur an Erwachsene richtet. Das ist ein weiterer und wichtiger Unterschied bei der Nutzung und im Gegensatz zu Partner- oder Flirtbörsen, wo das Mindestalter 18 Jahre beträgt. Aber in den unterschiedlichen Chatgruppen kann es passieren, dass man von Minderjährigen angeschrieben wird. Das ist eigentlich nicht weiter schlimm, doch man selbst bekommt als Erwachsener kein gutes Gefühl dabei. Dies sollte möglichst vermieden werden. Aber es gibt noch andere Dinge, die bei Knuddels lauern.

In einer Chatgruppe, wo sich potenzielle Singles anschreiben können, kann es durchaus passieren, dass man von jemandem angeschrieben wird, aber eher indirekt. Denn hier kann man die Chatnutzer direkt über den Chat, wo alle schreiben, anschreiben oder zu zweit, als wenn man unter vier Augen reden würde. Und das wird häufig ausgenutzt. Man braucht noch nicht einmal etwas angegeben zu haben, potenzielle Partner schreiben einen an und wollen einen kennenlernen. Das ist zunächst etwas positives, bei genauerem Hinsehen sollte man aber stutzig werden. Denn häufig wird - wie bei vielen anderen Punkten zuvor auch - ein Link mit einer Seite versehen, bei der man sich kennenlernen könne, meistens ohne Grund. Mittlerweile sollte klar sein, dass es nicht seriös ist, doch manche klicken den Link an und landen auf den genau gleichen Seiten, die ich bereits unter Punkt 2 und Punkt 4 beschrieben habe. Diese Seiten sind häufig kostenpflichtig, entweder durch die "virtuellen Währungen" oder durch eine kostenpflichtige Mitgliedschaft, wie bei einem Abo.

Aber das ist nicht das einzige Problem, mit dem man bei Knuddels konfrontiert wird. Es gibt auch Dinge, die man möglichst vermeiden sollte und versuchen sollte, zu vermeiden. Ich rede jetzt aus meiner Erfahrung mit Knuddels. Eines Abends schrieb mich ein Mann an. Das ist nichts besonderes, aber schon nach recht kurzer Zeit merkte ich, dass das Gespräch in eine merkwürdige Richtung ging. Dieser Mann wollte sich wirklich mit mir treffen und schlafen! Trotz mehrfacher Versuche, dem Mann unmissverständlich klarzumachen, dass ich das nicht will, ließ er nicht locker. Man kann schon fast sagen, dass er besessen davon war. Ich hatte auch das Gefühl, dass der Mann wesentlich älter war wie ich. Außerdem schrieb er mir schon, wo er mich treffen könne. Eine sehr aufdringliche Art und Weise. Ich hatte ein sehr beklemmendes Gefühl und im Nachhinein habe ich mich gefragt, wie sich wohl ein minderjähriges Mädchen fühlen müsse, die von Typen wie in diesem Beispiel angeschrieben werden. Das ist krank und ekelhaft und einfach nur widerlich. Aber nicht die einzige Erfahrung, die ich mit dieser Plattform machen musste.

Ich schrieb auch mit einer jungen Frau, die eigentlich total nett war. Wir hatten einige Zeilen geschrieben, es war nicht viel, da geriet das Gespräch auch in eine seltsame Richtung. Leider kann ich mich nicht mehr erinnern, worum es genau ging. Es muss auf jeden Fall etwas sehr unglaublich und total arrogantes gewesen sein, da hab ich etwas auf die Tasten geschrieben, welches mir im Nachhinein sehr leid tut. Aber meine erste Reaktion war total geschockt und deswegen kam die heftige Reaktion zustande. Aber das war nur der Anfang. Im Folgenden bedrohte mich regelrecht diese junge Dame, anders kann man es nicht nennen, mit einer Anzeige und behauptete in einer dreisten Art und Weise, ihr Onkel würde angeblich bei der Polizei arbeiten und mir eine Anzeige zuschicken. Das hat gesessen. In den darauffolgenden Tagen hatte ich nun große Angst, eine Anzeige oder eine Vorladung von der Polizei zu erhalten, zumal ich als gelernter Rechtsanwaltsfachangestellter wusste, was auf mich zukommen wird. Und immer wieder drohte sie regelrecht, dass es mir noch leidtun würde und so weiter. Aber es gab wiederrum auch etwas positives an der Sache: Es ist nie zu einer Anzeige gekommen. Darüber war ich sehr erleichtert.

Aber bei Knuddels kann man wirklich niemanden kennenlernen. Meine Erfahrungen damit war leider zu negativ, zumal diese Plattform häufig von anderen ausgenutzt und nicht richtig ernstgenommen wird. Zudem ist diese Plattform eher etwas für Teenager, nicht für Erwachsene. Wirklich dort jemanden kennenzulernen gleicht schon fast an Utopie und viele Menschen dort wollen auch nur "chatten", einfach nur mit jemanden schreiben. Gechattet wird überwiegend mit Menschen aus dem eigenen Freundeskreis. Ganz ehrlich: Dafür braucht man sich dort nicht anzumelden.

Sicherlich hat Knuddels Potenzial, aber eher bei Teenagern zwischen 13 und 17 Jahren. Ansonsten ist Knuddels eigentlich ein Tabuthema bei Erwachsenen. Viele von uns würden bestreiten, sich dort oder bei den anderen oben genannten Plattformen angemeldet zu haben, obwohl es auch mal ein Trend war. Aber nun kann weg vom Internet hinüber zu einer anderen Möglichkeit, Menschen kennenlernen.

7.   Dating- und Flirt-Apps

Nun entfernen wir uns von dem Bereich des Internets, das zwar sehr interessant war, aber es gibt noch einen anderen Bereich, wo die Möglichkeit besteht, einen potenziellen Partner kennenzulernen.

Mittlerweile haben sehr viele Menschen in Deutschland ein Smartphone mit ständiger Erreichbarkeit und der Möglichkeit, überall im Internet zu surfen. Und die Apps, die man sich in "Stores" herunterladen kann, gibt es in unglaublicher Hülle und Fülle und in einer sehr breiten Anzahl. Auch Dating- und Flirtapps existieren. Diese möchte ich in diesem Punkt näher beleuchten.

Das Prinzip dieser Apps ist eigentlich ganz einfach: Leute sollen sich kennenlernen und den Partner fürs Leben finden oder einen netten Flirt oder eine Freundschaft. Doch auch hier gibt es Dinge, die man beachten sollte.

Zunächst ist erst einmal zu sagen, dass die Partner- und Flirtbörsen, die ich unter Punkt 1 und Punkt 5 näher beleuchtet habe, auch hier mit ihren eigenen Apps agieren, um noch ein breiteres Publikum anzusprechen. Doch auch hier gibt es einige andere Dating-Apps, die nur hier zu finden sind und nicht so stark im Internet vertreten sind.

Zum einen sollte man sich erst einmal die Bewertungen lesen - eigentlich. Wichtig ist hierbei, genau aufzupassen und genauer hinzuschauen, um sich viel Ärger zu ersparen: Denn Bewertungen können auch falsch sein, indem irgendeine Person irgendeinen Blödsinn als Bewertung hineinschreibt und schon steht es da und ist nicht mehr zu löschen. Und bei manchen Bewertungen sieht man eine Antwort auf diese Bewertung. Hier teilt der Betreiber dieser Dating-Apps sein Bedauern mit, fragt noch einmal nach, wie der Service noch verbessert werdn kann, usw. Diese Apps, die zu jeder Bewertung oder zu einem großen Teil der Bewertungen antworten, sollte man bei seiner Wahl in die nähere Entscheidung mit einbeziehen. Die anderen Apps wirken dagegen nicht seriös genug, schließlich geht es um einen Betreiber dieser App um eine positive Außendarstellung. Die sollte gewahrt werden, wenn man sich jede Bewertung, sei sie positiv oder negativ, annimmt. Inzwischen werden häufig solche Bewertungen auch gekauft oder bewusst eine falsche Bewertung angegeben, deswegen bieten auch diese Bewertungen keine hundertprozentige Empfehlung.

Danach erfolgt die Anmeldung, bei der genauer hingeschaut werden sollte. Es gibt Betreiber solcher Apps, die zwingen einem als Anmeldevoraussetzung auf, dass man sich bei einem sozialen Netzwerk, vor allem bei Facebook, anmeldet, um den Service nutzen zu können. Das kann man nur dankend ablehnen. Vor allem die Daten von Facebook auf diese App zu übertragen, ist aus datenschutzrechtlichen Gründen schon mehr als naiv. Man überträgt auch Dinge, die man selbst in einem Profil nicht haben möchte, sie einem unangenehm sind und sie aus lustiger Stimmung heraus oder Naivität selbst gemacht hat. Daher wäre es empfehlenswert, ein eigenes Profil zu erstellen, ohne Daten von sozialen Netzwerken zu übertragen.

Nach der Anmeldung kann man sein Profil dann nach seinen individuellen Bestimmungen gestalten wie bei den Single- und Partnerbörsen. Doch manchmal kann man sich über die App ärgern. Einerseits frisst diese Dating-App sehr viel Speicherkapazität und dies zeigt sich in der Anzeige zum Akkustand und zum Datenvolumen. Andererseits funktioniert die App selber nicht so ganz wie man möchte. Manche Apps haben da noch Entwicklungspotenzial, da sehr viele Daten übertragen werden, einige Apps haben eine größere Speicherkapazität als andere.

Aber es gibt noch andere Probleme mit Dating- oder Flirt-Apps: Schreibt man einem Mitglied, bei der die Person zu einem gut passen könnte, dann kommt häufig keine Antwort. Auch bei den Profilen dieser Anbieter ist ein genaueres Hinsehen gar nicht so schlecht. Denn da kann einem schon die ein oder andere Überraschung kommen. Häufig existieren Profile, die seit Wochen oder Monaten gar nicht mehr vom Profilinhaber besucht worden oder es existieren "Schein"-Profile. Diese Profile dienen dazu, anderen Mitgliedern bewusst anzuwerben oder ihnen etwas falsches vorzugauckeln. Kennen wir das nicht? Genau! Von den Partner- und Flirtbörsen, die ich unter Punkt 1 und Punkt 5 bereits erwähnt habe. Außerdem kann man schreiben, was man will: Es kommt keine Reaktion oder es kommt eine Antwort, die man so gar nicht erwartet hat. Da ist es dann schwierig, die richtigen Worte zu finden, da man das Gegenüber nicht verletzen möchte. Das ist eine teils knifflige Situation.

Aber häufig geht es auch anders: Manche Mitglieder schreiben andere Mitglieder an, man tauscht sich aus und stellt nach kurzer Zeit fest, dass man nicht füreinander geschaffen ist und will es dabei belassen. Doch manche verstehen die Worte des anderen nicht und schon fühlt man sich belästigt. Natürlich kann das einem im Internet oder in einer Disco oder in einer Bar auch passieren, doch in einer Bar oder Disco kann man die Situation - sollte sie eskalieren - auch schnell wieder klären. Doch im Internet oder bei einer App ist das gar nicht so einfach. Hier ist unser Rechtsystem leider noch nicht so weit, um mögliche rechtliche Schritte überprüfen zu können. Dann bleibt häufig nur das Löschen des Profils und das Entfernen der App vom Smartphone. Dadurch ist die Enttäuschung sehr groß und der Frust auch.

Zum Schluss kann ich zu diesem Punkt sagen, dass man auch hier sehr genau hinsehen sollte, welche Flirt- und

Dating-Apps genutzt werden sollen. Natürlich sollte man sich Bewertungen dieser Apps ansehen, aber sich nicht von diesen zu sehr beeindrucken lassen. Gerade bei kostenlosen Apps kann man die ein oder andere für kurze Zeit ausprobieren, um die Erfahrung zu machen, ob die App infrage kommt. Bei den kostenpflichtigen Apps ist es so wie bei den Partnerbörsen unter Punkt 1 und Punkt 5: Am besten keine dieser Apps herunterladen, weil sie bereits - wie oben geschildert - nicht zu empfehlen sind. Hier geht es nur darum, dem Kunden, also dem Nutzer der App, etwas vorzugauckeln und diesen gleichzeitig das Geld aus der Tasche zu ziehen. Ziemlich miese Masche. Deswegen sollte man hier genau hinsehen.

Die wohl bekannteste Flirtapp ist "Tinder." Angeblich - so wird behauptet - könne hier der schnelle Flirt erobert werden durch sogenannte Matches. Allerdings ist diese Flirtapp nicht für jeden geeignet. Schließlich werden hier eher die oberflächlichen und damit auch die äußerlichen Eigenschaften höher bewertet als die inneren Eigenschaften wie der Charakter. Auch Tinder kostet Geld und auch hier wird - wie oben bereits beschrieben - ein Vertrag über eine Premium-Mitgliedschaft abgeschlossen. Am Ende steht es jedem frei, sich bei Tinder anzumelden und ein Profil anzulegen. Zum Spaß kann es vielleicht ganz gut sein, es kann aber auch sehr belastend für den eigenen Geldbeutel sein. Daher sollte auch dieser Schritt gut überlegt sein.

8. Rechtliches

Wie ich bereits beim Vorwort kurz angemerkt habe, bin ich Rechtsanwaltsfachangestellter, aber kein Rechtsanwalt. Ich war mehrere Jahre Angestellter in Kanzleien und habe dort die Arbeit gemacht, die angefallen ist. Ich glaube schon, dass ich einiges Know-How an rechtlichen Kenntnissen habe und diese auch ausreichen, die vorangegangenen Punkte zu beurteilen. Ich möchte allerdings nicht jetzt jedes Kapitel neu zusammenfassen oder erklären, was falsch gemacht wurde, sondern generell rechtliche Dinge, die mir - vor allem durch meine Erfahrungen - aufgefallen sind. Dies sollte nicht nur als Fahrplan oder Warnung, sondern auch als Hinweis dienen. Dabei werde ich den Prozess von Mitgliedschaften kurz durchlaufen und auch zu den Coins rechtliche Dinge kurz erläutern.

Schließlich geht es darum, dass jedem Leser meiner Notizen klar sein sollte, welche Dinge bei Single-, Partner- und Flirtbörsen zu beachten sind. Schließlich geht es hier um einen Wirtschaftszweig, denn diese Portale bieten eine Dienstleistung an und haben auch das Ziel, entsprechenden Umsatz zu generieren und am Ende eines Zeitraums eine positive Bilanz mit einem Gewinn zu erstellen. Auch trennt sich hier häufig bei den Unternehmen die Spreu vom Weizen, ob sich eher an der Gewinnmaximierung orientiert wird oder am Wohl des Kunden bzw. des Nutzers.

8.1 Eintritt in die Mitgliedschaft einer Partner- oder Flirt-, Erotikbörse oder einer Dating- oder Flirtapp

Beim Eintritt in einen der oben genannten Börsen oder Apps sollte man sich immer einiges bewusst werden:

Nie etwas anklicken ohne es vorher kurz überflogen oder gelesen zu haben!

Denn hier liegt manchmal der Teufel im Detail: Denn häufig werden diese Dinge übersehen. Und grundsätzlich sollte immer beachtet werden:

Wenn man sich bei einer Börse oder einer App anmeldet, wird ein Vertrag geschlossen!

Das kann grundsätzlich verglichen werden mit einem Kaufvertrag, denn einen Kaufvertrag schließt jeder von uns häufiger ab als es einem auffällt, z. B. im Supermarkt beim Einkaufen oder beim Parken.

Hier unterschiedet man zwischen dem Abgeben eines Angebotes und einer Annahme. Im Klartext heißt es also: Gebe ich ein Angebot ab, indem ich mich bei einer der oben genannten Börsen oder App anmelde und/oder mich registriere, dann ist dies ein Angebot an den anderen Vertragspartner, mich dort anmelden zu können. Für die Börse oder App kommt es darauf an, das Angebot anzunehmen. Wenn dies geschieht, dann ist ein Vertrag zustande gekommen. Wenn sich einer der beiden Vertragsparteien in letzter Minute oder Sekunde um entscheiden sollte, dann ist das völlig legitim. Auch die AGBs oder Nutzungsbedingungen oder auch FAQ sind häufig auch eine Art "Annahmeerklärung."

Bestätigt man diese nicht, dann wird der Zugang zu einer Seite nicht gewährt und somit kommt hier kein Vertrag zustande.

Dies sollte man sich immer vor Augen führen. Mit dem Anmelden auf der Dating- oder Flirtplattform und dem Bestätigen der AGBs, Nutzungsbedingungen oder der FAQ wird ein Dienstleistungsvertrag geschlossen!

8.2 Kauf von Coins, Umwandlung einer Basis-Mitgliedschaft in eine Premium-Mitgliedschaft

Nun steht man nach einer gewissen Zeit vor der Frage, ob der Kauf von Coins gewagt werden soll oder sich eine Premium-Mitgliedschaft eignet, um alle Funktionen der Plattform nutzen zu können. Da wir hier von Kauf sprechen, gehen wir hier einen Kaufvertrag ein. Schließlich möchte ich mit dem Geld einen der Geldpakete oder eine Premium-Mitgliedschaft erwerben.

Beim Kauf von Coins geschieht dies so: Man klickt auf eines der entsprechenden Symbole und signalisiert dem Verkäufer, also der Plattform, dass der Nutzer, der nun Käufer ist, eines der entsprechenden Pakete erwerben will. Man gibt nun an, auf welche Art der Kauf abgewickelt werden soll. Hier gibt es verschiedene Möglichkeiten: Überweisung, Lastschrift oder über eine Online-Bezahlung. Dies ist rechtlich gesehen erst einmal völlig in Ordnung. Denn es ist wahr: Man kann selbst entscheiden, wie viele dieser Coin-Pakete bestellt werden oder nicht. Denn das ist nichts anderes als eine Online-Bestellung wie bei einem Buch oder einer CD, die einem gefällt und dann bestellt wird. Aber man muss hier unterscheiden: Während bei einem Buch oder einer CD von einem Kaufvertrag im Handel gesprochen wird, ist der Kauf von Coins eher einem Kaufvertrag im Dienstleistungsbereich - wie bereits unter Punkt 8.1 - zuzuordnen. Denn es ist in diesem Fall nichts anderes als Gebühren, die ich bei der Bank bezahlen muss, wie z. B. Kontoführungsgebühren. Hier geht man also einen Dienstleistungsvertrag ein, genauso wie bei einem Rechtsanwalt oder einem Steuerberater. Das ist ein wesentlicher Unterschied, den sich die meisten gar nicht bewusst sind.

Ist ein Paket gebucht und die Entscheidung über die Bezahlmethode gefallen, geht man faktisch einen zweiten Vertrag ein. Denn man muss noch unterscheiden:

Zum einen existiert ein Vertrag über die Teilnahme an der Singlebörse oder der App zwischen dem Mitglied und dem Anbieter (also die App oder Singlebörse)

und

ein weiterer Dienstleistungsvertrag zwischen Mitglied und Anbieter der Singlebörse oder App.

Aber der zweite Vertrag ist ein relativ kurzer. Es ist wie ein kurzer Kaufvertrag zwischen einem Unternehmer und einem Verbraucher. Ich bezahle, Du erhälst die Ware. Aber in diesem Fall keine Ware, die Ware sind diese "virtuellen Währungen."

Bei der Umwandlung der Basis-Mitgliedschaft in eine Premium-Mitgliedschaft ist dies noch deutlicher zu erkennen. Allein das Wort "Premium" sollte einem den Hinweis geben, dass dies Geld kostet und nicht kostenlos ist. Hier sollte man wissen, dass man genauso einen Vertrag abschließt wie der erste Vertrag, denn man hat bereits einen Vertrag darüber abgeschlossen, dass man überhaupt erst sich auf dieser Seite registrieren muss, um die Funktionen der Plattform nutzen zu können. Doch dieser Vertrag kostet Geld - sowie bei den Coins. Zwar schließt man hier einen Dienstleistungsvertrag auch ab, allerdings genau einen baugleichen Vertrag wie bei der Anmeldung. Im Endeffekt existieren zwei genau gleiche Verträge. Und das beachten viele nicht. Denn bei einem Vertrag gibt es Rechte und Pflichten. Die Pflicht ist es, bei dem zweiten Vertrag, dass das Mitglied dafür Geld bezahlt, damit der Betreiber dieser Seite dem Mitglied die Möglichkeit einräumt, die Seite ohne jegliche Einschränkung nutzen zu können.

Zudem sollte nicht unerwähnt bleiben, dass es hier sehr wichtig ist, sich die einzelnen Zahlmöglichkeiten genau anzusehen. Ein Lastschriftverfahren mag einfach und praktisch sein, allerdings sollte dies nur bei wenigen Abbuchungen erfolgen, also bei Unternehmen, die jeder von uns ein hohes Vertrauen haben. Zudem ist ein Lastschriftverfahren häufig nicht einfach rückgängig zu machen, da sich manche Betreiber dieser Plattformen häufig weigern, dies zu kündigen und immer wieder auf den bestehenden Vertrag pochen. Schließlich wird argumentiert, dass man die Seite weiterhin uneingeschränkt nutzen könne.

Daher ist die Überweisung zwar umständlicher und lästiger, aber in diesem Fall das Verfahren, das einem am besten hilft und auch am besten nutzt. Allerdings muss hier auch nochmal klargestellt werden, dass eine Überweisung nur in den ersten 24 Stunden nach Erledigung wieder rückgängig gemacht werden kann. Bei Fehlern sollte hier rasch und zeitnah die Bank kontaktiert werden, um die Überweisung rückgängig zu machen.

Erst nach einer gewissen Zeit kann man dann selber sagen, ob es hilft oder nicht. Doch man sollte sich bei diesen beiden Verträgen immer eines vor Augen führen:

Beide Verträge hängen miteinander zusammen!

Und das ist auch ein wichtiger Aspekt. Durch eine monatliche Überweisung wird zwar geregelt, dass ich uneingeschränkten Zugang habe, aber vergisst man die Überweisung, gilt es, kühlen Kopf zu bewahren. Denn in den AGBs oder den Nutzungsbedingungen stehen häufig Fristen, auch die Kündigungsfristen einer Premium-Mitgliedschaft. Während man eine Basis-Mitgliedschaft häufig fristlos und teilweise per E-Mail oder über die Plattform kündigen kann, ist es bei der Premium-Mitgliedschaft komplizierter. Hier sollten die Dinge zur schriftlichen Kündigung beachten werden, die ich bereits unter Punkt 1 erwähnt habe:

Kündigung mit Einschreiben schicken, damit ich den Nachweis habe , wann die Kündigung den Empfänger erreicht hat!

Außerdem sollte ein seriöses Portal den Eingang einer schriftlich gerichteten Kündigung per E-Mail oder auch per Post nochmals separat bestätigen. Damit hat der Nutzer die Gewissheit, dass die Kündigung wirklich gelesen wurde und das Unternehmen sichert sich somit ab, um späteren Ärger zu vermeiden.

Wichtig ist es aber immer rechtzeitig zu erfahren, wann ich die kostenpflichtige Mitgliedschaft kündigen muss. Viele Anbieter weisen dies explizit aus, andere verstecken es gerne. Deswegen gilt hier:

Ist bei der Kündigung die kostenpflichtige Mitgliedschaft nicht speziell aufgeführt, dann den ganzen Absatz oder Paragrafen genau durchlesen!

Sollte der Anbieter dies trotzdem nicht in den AGBs ausgewiesen haben, dann sollte man umgehend mit dem Unternehmer dieser Plattform Kontakt aufnehmen, um sicherzugehen, dass man rechtzeitig kündigt.
Natürlich kann einem passieren, dass der Betreiber den Kündigungswunsch ignoriert oder darauf gar nicht eingeht. Hier sollte man beachten:

Sich nicht einschüchtern lassen!

Will man kündigen und veranlasst die Überweisung der monatlichen Zahlung nicht, dann wird einem eine Mahnung zugeschickt. Davon sollte man sich aber noch nicht einschüchtern lassen. Alle Möglichkeiten sollten in Erwägung gezogen werden, damit die Kündigung auch wirklich zugestellt wird. Liegt der Betreiber der Seite in der näheren Umgebung, könnte man die Kündigung mit einem Boten abgeben und sich den Eingang quittieren lassen. So ist man rechtlich und bei einem eventuell späteren Rechtsstreit auf der sicheren Seite, denn für die Behauptungen der Betreiber steht der Betreiber in diesem Fall in der Beweispflicht, nicht das Mitglied!

Doch sollten wiederholt Mahnungen eingehen, man aber auf der anderen Seite immer wieder versuchen, zu kündigen und diese Kündigungen nicht angenommen werden, dann kann einem schon mal ein Mahnbescheid ins Haus flattern. Davon sollte man sich auch noch nicht einschüchtern lassen, denn es heißt Mahnbescheid. Häufig stecken dahinter dubiose Inkassounternehmen oder Rechtsanwaltskanzleien, die von dem Betreiber der Seite beauftragt wurden. Davor sollte man keine Angst haben. Allerdings ist klarzustellen, dass durch die Beauftragung eines Rechtsanwalts, der eventuell zuvor auch schon versucht hat, das Mitglied anzuschreiben und aufzufordern, auch weitere Kosten wie Gerichts- und Rechtsanwaltskosten entstanden sind. Deswegen sollte man grundsätzlich immer Einigungsbereitschaft zeigen. Aber zu einer Einigung gehören immer zwei Parteien, ansonsten bleibt nur der gerichtliche Weg .

Sollte am Ende doch ein Prozess anstehen, sollte man cool bleiben. Denn es ist nicht immer so, dass man gegen diese Betreiber keine Chance hat, vor allem dann nicht, wenn das Recht auf der eigenen Seite ist, doch leider kennen zu wenige Menschen ihr Recht im Umgang mit solchen Dingen und sind schnell verunsichert. Deswegen sollte man bei dieser Sache immer einen eigenen Anwalt hinzuziehen, auch wenn dieser Geld kostet, aber gerade für einen Laien auf diesem Gebiet ist es schwierig zu beurteilen, was richtig und was falsch ist.

Gegen einen Mahnbescheid existiert ein Rechtsmittel: Das Rechtsmittel des Widerspruchs. Die Frist hierfür beträgt zwei Wochen ab Zugang. Deswegen ist es immer wichtig:

Eingangsdatum von gerichtlichen Dokumenten notieren!

Dann kann ich berechnen, wann die Frist abläuft und mir einen Zeitpuffer einplanen. Verstreicht diese Frist, ergeht ein Vollstreckungsbescheid, wenn es nicht zu einem anderen Einigungsversuch kommt. Gegen diesen kann ebenfalls innerhalb einer Frist von zwei Wochen ab Zugang Rechtsmittel eingelegt werden - in Form eines Einspruches. Doch im Unterscheid zu dem Mahnbescheid ist wichtig zu erwähnen, dass diese Einspruchsfrist eine Notfrist ist. Notfrist bedeutet, dass diese Frist nicht verlängern kann. Eine Widerspruchsfrist für einen Mahnbescheid kann dagegen verlängert werden.

Die folgenden Punkte sind allerdings für den äußersten Notfall bestimmt, wenn es in die gerichtliche Auseinandersetzung geht. Aber es ist wichtig, diese Dinge zu kennen, um dann genau beurteilen zu können, was man als nächstes tun muss und was ich tun darf, vor allem wenn ich keinen Anwalt für meine Angelegenheit beauftragt habe.

8.3 Kündigungsform und -fristen beachten

Diesen Punkt sollte auch unbedingt beachtet werden. Denn es gibt einen Unterschied zwischen der gesetzlichen Kündigungsform und einer vertraglichen Kündigungsform. Generell muss man zwischen vertraglichen Details und gesetzlichen Details auch unterscheiden.

Bei einer Kündigung sollte man zunächst bedenken, wie die Kündigungsfristen festgelegt sind. Vertraglich festgelegte Kündigungsfristen gelten in diesem Fall. Dabei sollte auf jeden Fall die "Allgemeinen Geschäftsbedingungen" (AGB) durchgelesen werden, um sich einen Überblick über die Kündigungsmodalitäten zu verschaffen. Außerdem sollte man bei einer kostenpflichtigen Mitgliedschaft genau schauen, wann die Kündigungsfrist abläuft. In jedem Fall bei einer kostenpflichtigen Mitgliedschaft gilt:

Kündigungsfristen herausfiltern und sie ggfs. notieren!

Nur so kann einem gewährleistet werden, dass man gerade bei kostenpflichtigen Abonnements oder einer Mitgliedschaft die rechtzeitige Kündigung nicht verpasst.

Neben den Kündigungsfristen ist die Form der Kündigung ebenfalls zu beachten. Zunächst ist gesetzlich geregelt, dass Kündigungen immer einer schriftlichen Form bedürfen und sie dem Empfänger zugehen muss. Man redet hier von einer einseitig empfangsbedürftigen Willenserklärung. Die Willenserklärung gibt in diesem Fall der Kunde, also der Nutzer der Plattform. Er erklärt mit der Kündigung ausdrücklich seinen Willen, vom Vertrag zurückzutreten oder diesen zum nächstmöglichen Zeitpunkt zu kündigen. Die Empfangsbedürftigkeit der Kündigung ist sehr wichtig, der Empfänger muss die Kündigung erhalten. Doch hierbei setzen viele Betreiber dieser Singlebörsen auf Vertuschen und auf Zeit.

Die Kündigung sollte - wie bereits unter Punkt 1 erläutert - mindestens per Einwurf-Einschreiben dem Empfänger zugesandt werden. Am besten eignet sich aber ein Einschreiben mit Rückschein, der Rückschein wird dem Absender nach Empfang zurückgesandt. Dann ist man rechtlich gesehen auf der sicheren Seite.

Allerdings weigern sich viele der Betreiber, diese Kündigungen anzunehmen. Viele glauben mit dieser Taktik, die Nutzer einschüchtern zu können. Doch dabei muss bedacht werden: Zwischen dem Nutzer einer Singlebörse und dem Betreiber ist schließlich ein Vertrag zustande gekommen. Zu einem Vertrag zählen immer mindestens zwei Vertragspartner. Wenn der eine Vertragspartner den Vertrag mit einer Kündigung beenden möchte, dann ist der andere Vertragspartner rechtlich dazu verpflichtet, die Kündigung zu akzeptieren.

Außerdem ist die Kündigung schon dem Unternehmen zugegangen, daher gilt sie als zugestellt und der Rückschein beim Einschreiben gilt als ein wichtiger Beweis.

Es gibt häufig Betreiber, die bereits bei anwaltlichen Schreiben und nach längerer Überlegung doch zu dem Entschluss kommen, die Kündigung anzunehmen. Doch andere Betreiber gehen soweit, bis man sich die Kündigung gerichtlich bestätigen lassen muss. Das Urteil ist ebenfalls ein Beweis, das zeigt, dass der verweigerte Vertragspartner die Kündigung anzunehmen und zu akzeptieren hat.

Aber eine Kündigung einzuklagen ist rechtlich nicht ganz einfach. Der Kläger steht in der Beweispflicht. Der Nutzer müsste erst einmal nachweisen, ob eine Kündigung dem Betreiber zugesandt wurde. Deswegen gilt:

Bei einer Klage, die ich als Nutzer dieser Plattform einreiche, steht man grundsätzlich in der Beweispflicht!

Deswegen ist es sehr wichtig, die "Allgemeinen Geschäftsbedingungen" (AGB), die häufig von den Betreibern als Vertragsgrundlage festgelegt sind, genauer durchzusehen und sich häufiger, die AGBs anzuschauen. Wenn man sich öfters die wichtigsten Paragrafen durchliest und dementsprechende Kündigungsfristen beachtet oder notiert, bleiben einem später bei der Kündigung böse Überraschungen erspart.

8.4   Betreiber im Ausland

Grundsätzlich sollte man neben den "Allgemeinen Ge-schäftsbedingungen" bei Single-, Partner- oder Flirtbörsen auch noch auf das ein oder andere Detail achten. Das Im-pressum oder die Kontaktdaten ist dabei ebenfalls nicht ganz außer Acht zu lassen.

Meistens stehen sie bereits in den AGBs oder Nutzungsbe-dingungen, doch manchmal sind sie nochmals als Impres-sum selbst separat aufgeführt.

Wenn man sich ein Impressum ansieht mit einer deutschen Stadt oder einer deutschen Postleitzahl, die fünfstellig ist, dann ist man rechtlich schon auf der sicheren Seite. Denn dann gilt bei einem eventuellen Rechtsstreit deutsches Recht.

Schwierig wird es da, wenn die Betreiber der Seiten im Aus-land sitzen. Hier muss zwischen den Ländern der Europäi-schen Union und den Ländern, die der EU nicht angehören, unterschieden werden.

Grundsätzlich ist vorweg eines zu sagen: Finger weg von Single-, Partner- oder Flirtbörsen, deren Sitz im Ausland ist. Denn damit kann schon eine Menge Ärger und Arbeit er-spart werden. Sollte man doch erkennen, dass der Betreiber der Seite im Ausland sitzt, dann gilt es, zunächst Ruhe zu bewahren!

Man muss zwischen EU-Staaten und anderen europäischen Staaten unterscheiden, die diesem Bündnis nicht angehö-ren. Grundsätzlich zu unterscheiden ist: Länder, die der EU angehören, unterliegen dem EU-Recht. Dieses Recht ist einheitlich für alle Mitgliedstaaten und auch verbindlich. Da können sich die Betreiber nicht herausreden.

Allerdings sollte man bei den Ländern, die nicht der EU an-gehören, genau schauen, welches Recht gilt. Da gilt das

Recht für die Betreiber aus dem Land, in dem die Plattform ihren Sitz hat. Das nennt man auch Gerichtstand. Hierauf sollte geachtet werden. In diesen Fällen sollte man in jedem Fall einen Anwalt einschalten, auch wenn der Anwalt Geld kostet, doch dieser sitzt näher an den rechtlichen Vorschriften wie ein Laie.

Grundsätzlich ist auch vor der Anmeldung wichtig zu unterscheiden, wo sich der Sitz des Betreibers der Plattform befindet. Sitzt er im Inland, ist auch die Klage an das Gericht an die Stadt zu stellen, in der der Betreiber seinen Sitz hat. Im Ausland ist das schon anders. Hier sollte genau beachtet werden, ob EU-Recht gilt oder das Recht im Land des Betreibers. Das sollte schon vor der Anmeldung genau beachtet werden.

Aber neben der Schriftform, die gesetzlich vorgeschrieben ist, gibt es noch andere Formen der Kündigungen. Nach einem Urteil des Bundesgerichtshofs müssen die Betreiber dieser Portale auch Kündigungen per E-Mail zur Kenntnis nehmen und akzeptieren - auch bei einer vertraglicher Vereinbarung. Aber eine Kündigung ist auch über die entsprechende Seite möglich.

Darum ist es wichtig und notwendig, sich die AGBs immer nach den Worten "Kündigung" und "Kündigungsfristen" zu durchsuchen!

8.5 Betreiber als "Briefkastenfirmen"

Zum Thema Impressum bei den Partner-, Single- und Flirt-börsen sollte vor der Anmeldung unbedingt noch ein weiterer Punkt beachtet werden. Und zwar die Adresse des Betreibers. Häufig ist man nämlich hinterher schlauer als vorher! Daher sollte gerade bei Flirtportalen, aber auch bei einigen Partner- und Singlebörsen genauer hinschauen.
Es geht hier bewusst nicht um alle Plattformen und es ist nicht so, dass jetzt alle Portale diskreditiert werden. Allerdings gilt dies nur für bestimmte Portale, die sogenannten schwarzen Schafe oder Portale, die mit betrügerischen Machenschaften nichtsahnende Nutzer um ihr Geld prellen wollen.
Die Adresse des Betreibers, die dem Impressum entnommen werden kann, kann über eine Suchmaschine eingegeben werden. Sollte die Gesellschaft oder Firma, die im Impressum steht, dort nicht als Suchergebnis erscheinen, ist dies schon ein eindeutiges Anzeichen für eine sogenannte "Briefkastenfirma." Diese Firmen existieren gar nicht oder sitzen ganz woanders, wohl möglich noch im Ausland. Dann ist es natürlich schwierig, Kündigungen zuzustellen und diese dann als "empfangen" bestätigt zu bekommen. Denn diese Firmen schicken die Kündigungen zurück oder nehmen sie erst gar nicht entgegen. Wohl möglich betreibt das Portal eine ganz andere Firma.
Dies ist schon ein Fall von "arglistiger Täuschung": Dieser Begriff ist zwar sehr deutlich, allerdings eine passende Umschreibung dafür. Man ist getäuscht worden, auf der Seite der Plattform steht unter dem Impressum ganz klar eine Adresse, die genau auf den Sitz des Betreibers hindeutet, allerdings entspricht dies nicht der Realität. Der Vertrag

kann dadurch angefochten werden und das auch noch bis zu einem Jahr nach der Entdeckung.

Aber man sollte sich in diesem Fall auch nicht zivilrechtliche, sondern auch strafrechtliche Schritte vorbehalten. Denn diese Umstände reichen für den Straftatbestand des Betruges aus. Denn der Nutzer wird hier betrogen, vor allem bei kostenpflichtigen Mitgliedschaften und wenn der Betreiber dann ganz woanders sitzt als im Impressum angegeben, ist dieser Straftatbestand schon gegeben. Und bei Abonnements ist dies ein ganz klarer Fall von Betrug. Auch bei diesem Fall sollte man sich anwaltliche Hilfe suchen, hier ist es sogar gut, zweigleisig zu fahren. Eventuell kann man noch andere "Opfer" ausfindig machen, um den Betreibern, die einen massenhaften Betrug betreiben, aufzuspüren und das Handwerk zu legen.

Deswegen sollte ganz genau vor der Anmeldung untersucht werden, ob die Firma tatsächlich den Sitz hat, der im Impressum angegeben ist.

Es gibt aber auch Plattformen, da ist dies grundsätzlich vorher nicht möglich. Von diesen Portalen sollte man am besten ganz schnell Abstand nehmen und die Finger lassen!

8.6 Grundsätzlicher Verstoß: Einige Single-, Partner- und Flirtbörsen verstoßen gegen das Grundgesetz (unsere Verfassung)

Aber zum Schluss der rechtlichen Dinge möchte ich eine grundsätzliche Sache aufklären. Dabei ist auch zu beachten, dass dies - wie bei allen anderen rechtlichen Einzelheiten - nicht für alle Single-, Partner- oder Flirtbörsen gilt!
Es gibt aber Portale, die sind höchst ungerecht und dies in allerhöchstem Maße:
In Artikel 3 unseres Grundgesetzes ist die Gleichberechtigung zwischen Männern und Frauen geregelt. Diese ist zwar in der Verfassung verankert, doch in der Praxis wird sie sehr selten umgesetzt. Dies ist höchst ungerecht, aber ein anderes Thema, das ich hier nicht behandeln, aber in der öffentlichen Diskussion einen breiteren Raum einnehmen sollte.
Doch auch einige Betreiber der Single- und Partnerbörsen handeln nicht verfassungskonform. Häufig müssen nämlich nur männliche Mitglieder bezahlen, weibliche Mitglieder können alle Funktionen kostenlos nutzen. Dies ist ein ganz klarer Verfassungsverstoß. Außerdem verstößt der Betreiber dieser Plattformen gegen das Allgemeine Gleichbehandlungsgesetz.
Dass Männer für bestimmte Funktionen bezahlen müssen und Frauen nicht, ist ein ganz klarer Fall von Diskriminierung. Die Diskriminierung ist in unserer Verfassung ebenfalls in Artikel 3 geregelt, denn niemand darf wegen seiner Religion, seines Glaubens und seines Geschlechtes diskriminiert werden, aber manche Portale missachten dies!
Mich persönlich wundert es nicht, dass niemand eines dieser Portale wegen Verstoßes gegen das Allgemeine Gleichbehandlungsgesetz oder gegen unser Grundgesetz - also

unserer Verfassung - verklagt hat und mit einer Verfassungsbeschwerde vor das Bundesverfassungsgericht in Karlsruhe gezogen ist. Denn Diskriminierung gibt es leider viel zu häufig in unserer Gesellschaft. Was einige dieser Plattformen allerdings betreiben, ist eine Diskriminierung auf legalem Wege.

9. Alternative zu den Single- und Flirtbörsen: Direktkontakt durch Speeddating!

Nach unseren Erfahrungen mit Singlebörsen, Flirtbörsen, Erotikportalen, Kontaktanzeigenportalen, Partneragenturen, Partnervermittlungen, Knuddels und Flirt- sowie Datingapps muss am Ende eher ein ernüchterndes Fazit gezogen werden: Diese ganzen Möglichkeiten helfen überhaupt nicht bei der Lösung des Problems und sie kosten jede Menge Geld!
Die Alternative: Rausgehen und Menschen kennenlernen!
Es gibt auch eine interessante und vielleicht etwas ungewöhnliche Alternative. Es existieren nur einige wenige Portale, bei denen der Nutzer oder der Kunde im Vordergrund steht und der direkte Kontakt. Der indirekte Kontakt über eine Singlebörse ist bei vielen nicht der richtige Weg. Dabei steht auch der Datenschutz und der Schutz jedes einzelnen Nutzers im Vordergrund. Die einzige Alternative scheint hier das Speeddating zu sein.
Das Speeddating ist eigentlich eine amerikanische Variante, Menschen und vor allem Singles auf interessante Art und Weise kennenzulernen. Dabei zählt vor allem eines: Der erste Eindruck! Und der erste Eindruck ist etwas, das in vielen Situationen unseres Lebens zählt, sei es in privaten oder in beruflichen Dingen. Und das ist das wichtigste!
Bei einem Portal, das ein Speeddating anbietet, registriert man sich mit seinen Daten wie bei anderen Portalen - allerdings ohne Kontaktaufnahme. Man wählt zwischen unterschiedlichen Terminen und Altersgruppen, nach denen die Veranstaltungen unterteilt sind, eine Veranstaltung mit der entsprechenden Altersgruppe aus und bestätigt dies. Dann erhält man die ersten Infos, wie Daten, die hinterlegt werden müssen, um bei einer eventuellen Kontaktaufnahme zu punkten und weiter in Kontakt zu bleiben.

Was ebenfalls als positiv zu beurteilen ist: Findet die Veranstaltung aufgrund geringer Teilnehmeranzahl nicht statt, bekommt der Nutzer eine Nachricht. Das ist vielleicht aber auch ein kleiner Nachteil, denn es müssen sich genügend Teilnehmer finden, um eine Ausgewogenheit der Geschlechter zu garantieren, damit jede Frau einen Mann zum unverbindlichen Kennenlernen und umgekehrt haben kann.

Findet die Veranstaltung mit mittelmäßiger Teilnehmerzahl statt, kann man sich noch einmal in der E-Mail mit der "Location" vergewissern, also dem Ort der Veranstaltung. Positiv ist es, dort pünktlich zu erscheinen. Denn es gibt nichts schlechteres als Unpünktlichkeit und es erspart einem einigen Ärger. Wenn alle Teilnehmer eingetroffen sind, dann geht es los. Bei gleicher Anzahl von Frauen und Männern sitzen die Frauen an den Tischen und die Männer müssen wandern. Dabei hat der Mann für jede Frau nur wenige Minuten Zeit. Dabei steht natürlich auch jeder unter Zeitdruck, denn man muss die Frau oder sein Gegenüber innerhalb kürzester Zeit von sich überzeugen und das ist nicht einfach. Anschließend geht man jede einzelne Frau ab, je mehr Teilnehmer man hat, desto länger dauert die Veranstaltung. Dann wird noch kurz mitgeteilt, wie es weitergeht. Manchmal haben sich aber auch schon die ein oder anderen schon gefunden oder nicht. Nun wird ausgewertet. Sollte sich ein Treffer ergeben, erhält man die Kontaktdaten der Person und zwar erst nach der Auswertung. Sollte sich ein Treffer ergeben haben, dann kann eine Kontaktaufnahme stattfinden. Vielleicht ergibt sich daraus etwas oder es hat nicht geklappt. Wenn es nicht geklappt, erfolgt ein weiterer Versuch.

Ebenfalls positiv ist, dass man nicht jede Woche zu einem Speeddating eingeladen wird und somit eine Art "Abo" abschließt, sondern selbst freiwillig entscheiden kann, wann und wo man teilnehmen kann. Dabei kann zwischen unterschiedlichen Städte mit unterschiedlichen Veranstaltungsorten ausgewählt werden, hier ist also auch dem Nutzer eine große Freiheit eingeräumt.

Die Preise verhalten sich relativ normal - meistens zwischen 20 und 30 Euro. Aber es ist eine seriösere Art und Weise, vielleicht die ganz große Liebe kennenzulernen. Zwar ist die Erfolgsquote bei einem Speeddating nicht ganz so hoch, aber es ist doch eine Möglichkeit, nicht nur die große Liebe kennenzulernen, sondern auch Gleichgesinnte zu treffen und dafür ist ein Speeddating optimal geeignet.

Am Ende kann man sagen, dass ein Speeddating zwar eine etwas ungewöhnliche Methode ist, aber doch eine interessante Erfahrung, um eventuell jemanden kennenzulernen. Dabei kann zwischen den unterschiedlichen Anbietern auch frei gewählt werden. Es wird kein Vertrag geschlossen und es bleibt bei der eigenen Entscheidung, welcher Anbieter von Speeddatings gewählt wird.

Das wichtigste und entscheidendste Kriterium ist allerdings, dass bei einem Speeddating und den Veranstaltern dieser Speeddating es vorrangig um den persönlichen Kontakt geht. Und es wird einem sehr genau erklärt und beschrieben, wie der Ablauf ist. Außerdem besteht die Möglichkeit, sich während eines Speeddatings mit einem Mitarbeiter dieses Veranstalters zu unterhalten und Fragen zu stellen

Dieses Konzept ist sehr gut durchdacht und daher sehr beliebt. Mittlerweile haben auch einige seriöse Partner- und Singlebörsen diesen Trend zum persönlichen Kennenlernen erkannt und bieten auch regelmäßige Veranstaltungen oder Events an. Dabei ist die Palette an Angeboten sehr breit gefächert. Von Kochveranstaltungen bis zu Reisen ist hier alles möglich.

Deswegen kann man sagen, dass die Veranstalter von Speeddating-Portalen hier eine Marktlücke erkannt haben,

die mittlerweile so beliebt ist, dass sie von anderen Partner-
portalen auch genutzt werden.

10.   Fazit

Mit den vorangegangenen Punkten kann man sagen, dass es natürlich sehr viele Möglichkeiten gibt, Singles kennenzulernen, aber auch einige Dinge zu beachten sind.
Ich möchte nicht, dass sich vielleicht einige durch meine Erfahrungen erschreckt fühlen oder einen zu negativen Eindruck von der Branche haben, aber ich wollte einfach einige Dinge klarstellen. Schließlich muss jeder sich folgende Dinge bewusst machen:

Single-, Partner- und Flirtportale sind im Prinzip gewinnorientierte Unternehmen
Das ist der erste Punkt, der bei der Suche nach einem Partner im Internet beachtet werden sollte. Hinter allen Portalen oder Flirt-Apps stecken Unternehmen, die am Ende eines Monats, eines Quartals oder eines Jahres Gewinn machen wollen. Sie bieten eine Dienstleistung an, die meistens nicht unentgeltlich ist. Dabei sollten auch die Bezahlmethoden beachtet werden.
Wichtig ist dabei auch, dass sich niemand von unseriösen Probeangeboten erst anlocken lassen sollte. Denn vergisst man rechtzeitig zu kündigen, hat man prompt ein Abo an der Backe! Daher sollte es jedem klar sein, vor Anmeldung bei einem dieser Portale oder bei Dating-Apps, dass auch Kosten auf einen zukommen können.

Rechtliche Aspekte beachten
Jeder, der im Internet den Partner oder die Partnerin fürs Leben sucht, muss sich über bestimmte rechtliche Aspekte wie Vertragsabschluss, Kosten, Mitgliedschaften und bestimmten Zahlsystemen im Klaren sein. Näheres habe ich unter Punkt 8 bereits erläutert.

Sich nicht auf die virtuelle Realität verlassen, sondern in die wirkliche Realität gehen. Also: Rausgehen!

Meistens hilft es nicht, sich bei diesen Single-, Partner- oder Flirtportalen oder Dating-Apps anzumelden, um dort einen Partner zu suchen! Am besten es wird die Initiative ergriffen, rauszugehen und zu versuchen, Menschen kennenzulernen!

Außerdem sollte man sich beim Suchen nach einem Partner nicht selbst zu sehr unter Druck setzen, denn vieles kommt von allein! Und auch der richtige Partner wird von allein kommen!

Ganz einfach ist es, mit einem Freund das ein oder andere Bier zu trinken. Denn wenn die Atmosphäre etwas lockerer ist, redet es sich auch lockerer. Dann kann das richtige dabei sein oder wie haben sich die Menschen vor dem Internetzeitalter kennen gelernt? Nicht anders.

Sich nicht ermutigen lassen, sondern weitermachen!

Auch wenn der erste Kontaktversuch nicht zum Erfolg geführt hat, sollte auf keinen Fall die Hoffnung aufgegeben werden: Schließlich hat bislang jeder den richtigen Partner gefunden, wenn er danach gesucht hat. Und daher sollte die Hoffnung nie aufgegeben werden. Und nach dem ersten Abblitzen muss man weitermachen, schließlich ist der Weg das Ziel! Und das heißt, so lange weitermachen, bis die Richtige dabei ist!

Signale des Gegenübers richtig deuten

Dieser Punkt ist gar nicht so einfach. Während eine Frau die Signale eines Mannes häufig richtig deutet, ist es zwischen Mann und Frau gar nicht so einfach. Zumal der Mann immer bedenken muss, dass die Frau selbst entscheiden muss, wie weit sie gehen will. Das sollte der Mann immer im Hinterkopf behalten, schließlich kann die Frau auch verärgert reagieren und der Flirt endet im Ärger. Außerdem muss sich die Frau in der Nähe des Mannes auch wohlfühlen. Wenn sie sich nicht wohlfühlt, gibt es ein Problem. Daher sollte man nicht zu offensiv "anbaggern", sondern kleinere Akzente setzen. Schließlich sind die kleinen Dinge des Lebens die wichtigsten und das sollte beim Flirten mit einer Frau auch bedacht werden.

Wie geht es nach dem erfolgreichen Flirt weiter?

Hier trennt sich auch die Spreu vom Weizen. Die einen wollen es bei dem Flirt belassen, dann sehen sich beide nicht mehr wieder. Andere wollen nach dem Flirt zu einem anderen Teil übergehen und mit der Person gleich im Bett zusammen Sex haben. Hier müssen auch zwei Gruppen unterschieden werden: Die einen belassen es bei diesem einen Mal "schlafen" und es ist der berühmte "One-Night-Stand." Die anderen sind offenbar auf den Geschmack gekommen oder mögen es mit der Person zusammen zu schlafen und wollen dies öfters machen. Dabei soll aber nur das Zusammenschlafen im Vordergrund stehen, keine zwischenmenschlichen Beziehungen, eine "Affäre" oder eine "Affair." Andere wiederrum wollen die Person wiedersehen, mit ihr einen Kaffee trinken oder Eis essen oder etwas anderes machen, um mit ihr später zusammenzukommen. Hier wird deutlich: Nicht nur Geschmäcker sind verschieden, sondern auch die Menschen.

Zum Schluss möchte ich nochmals erläutern, dass mir schon von anderen Menschen älterer Generationen häufig zugetragen wurde: Früher sei es einfacher gewesen, Menschen kennenzulernen! Ob das wirklich stimmt, ist schwierig zu sagen. Aber eines muss jeder von uns beachten: Das Smartphone, mit dem Musik gehört oder mit Freunden gechattet wird, ist eine Art Barriere. Das ist mir auch häufig schon aufgefallen. In dieser Situation zu flirten, ist mit Sicherheit ein falscher Weg. Häufig sind es die Zufälle, die genutzt werden sollten, um erfolgreich zu sein.

Herstellung und Verlag:
BoD – Books on Demand, Norderstedt
ISBN: 9783757823252